体が勝手に痩せはじめる「おくち美化」習慣

栗原ヘルスケア研究所
所長・歯科医師
栗原丈徳

栗原クリニック
東京・日本橋院長
栗原 毅

SLIM DOWN NATURALLY
with
'ORAL BEAUTY' PRACTICES

KADOKAWA

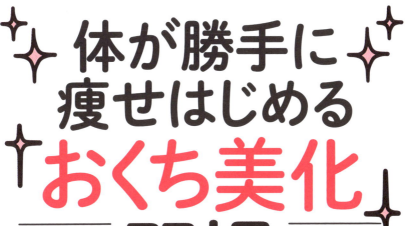

PROLOGUE

はじめに

「体重を落とすのは難しい」とよくいわれます。食事量を減らして運動量を増やしても思うように体重が減らないという方がいらっしゃるのです。また、食生活の見直しに一生懸命取り組んで体重を落としたのに、すぐにリバウンドする方もいらっしゃいます。

実は、日常生活の何気ない行動が、体を痩せにくくしていることがあるのです。食事や運動の方法だけに限りません。昨今、口の中の状態と肥満や脂肪肝などの病気の関係がわかってきました。食生活を正しても、歯周病や虫歯を抱えていると体重が思うように落とせなくなるのです。

口の中を正しくケアして、痩せやすい食生活に変えるだけで、一生懸命に取り組まなくても自然に体重は減っていきます。本書では、その方法をご紹介しています。

PART-01では、何気なく行っている太りやすい行動について解説しています。食事のメニューの選択を変える、食べ方を変えるなど、簡単なコツをつか

はじめに

むだけで痩せやすい体になります。ただし、口の状態が悪いと太りやすくなるので注意しましょう。その理由をPART-02でご紹介しています。痩せる体を維持するために「おくち美化」習慣はとても重要で、口を放置しているとたいへんなことになります。

そうはいっても、「おくち美化」習慣を難しく考える必要はありません。日頃行っているハミガキの方法をちょっと見直すだけで、歯周病も虫歯菌も大人しくできます。口がキレイだと痩せやすくなって生活習慣病も退けられ、心筋梗塞や脳卒中、がんや認知症などの怖い病気の予防につながることも、科学的に証明されつつあります。PART-03で詳しく解説しています。

より健康に役立てていただくために、PART-04では、脂肪をつきにくくする緑茶や高カカオチョコなどの食材、脂肪燃焼に役立つ運動習慣などをご紹介しました。健康に役立つ食材を取り入れると、自然に病気予防につながります。がんばる必要はありません。つらいことを続ける必要もありません。本書を活用して、今日からちょっと生活習慣を見直して健康美を実現していただけたら幸いです。

栗原クリニック東京・日本橋院長　栗原　毅

本書の読み方

1 PART-01～02の最初のチェックリストを確認して何個当てはまるかチェックしましょう
それから選択問題ページに進みましょう

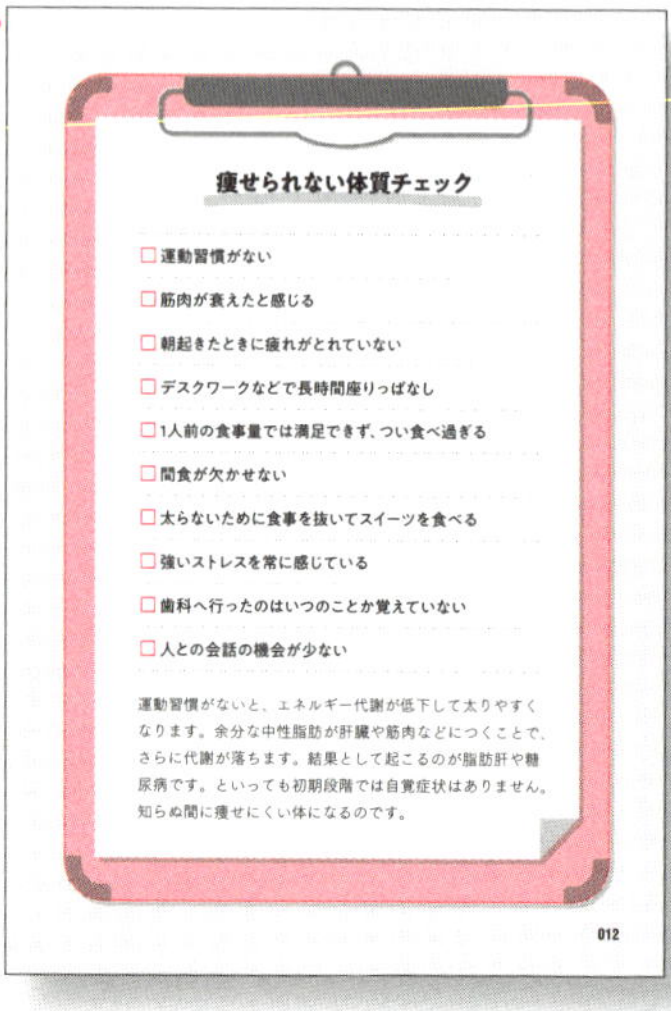
痩せられない体質チェック

- □運動習慣がない
- □筋肉が衰えたと感じる
- □朝起きたときに疲れがとれていない
- □デスクワークなどで長時間座りっぱなし
- □1人前の食事量では満足できず、つい食べ過ぎる
- □間食が欠かせない
- □太らないために食事を抜いてスイーツを食べる
- □強いストレスを常に感じている
- □歯科へ行ったのはいつのことか覚えていない
- □人との会話の機会が少ない

運動習慣がないと、エネルギー代謝が低下して太りやすくなります。余分な中性脂肪が肝臓や筋肉などにつくことで、さらに代謝が落ちます。結果として起こるのが脂肪肝や糖尿病です。といっても初期段階では自覚症状はありません。知らぬ間に痩せにくい体になるのです。

012

2 PART-01～02では、まず左ページで2択を提示しています
「KURIHARA's INSIGHTS」などを参考に答えを考えてみてください

QUESTION-01

どちらが
痩せられない体になる?
〈朝食編〉

朝食は健康を意識して
果物や野菜たっぷりのスムージー?
それとも朝食の定番目玉焼きと野菜サラダを食べる?

A 朝食はスムージー
OR
B 目玉焼きとサラダをしっかり

果物も野菜もたっぷり!
朝食の定番メニュー

KURIHARA's INSIGHTS
寝起きの空腹状態で食べることをイメージしてみましょう。糖質を多く含む方が太りやすくなります。どちらでしょう?

PART-01
知らぬ間に痩せない体質になっている

013 SLIM DOWN NATURALLY WITH 'ORAL BEAUTY' PRACTICES

3 めくった次の右ページで答えと解説をご紹介しています
「in SUMMARY」には要約を掲載

痩せられない体になるのは!!

ANSWER-01

A 朝食はスムージー

果物をたっぷり使ったスムージーは
太る原因の脂肪肝につながり
毎朝飲むことで代謝を落として痩せにくい体に

果糖が中性脂肪になり肥満を助長

果物が肝臓の中性脂肪を増やし肥満を助長する

果物はビタミンやミネラルを多く含み健康に役立つ食材ですが、果物に多く含まれる果糖は、小腸での吸収が速く肝臓で中性脂肪に変わりやすいのです。特に朝起きた直後の空腹時に果物をとると果糖が吸収されやすく、余分な中性脂肪が肝臓にたまって脂肪肝につながります。しかも、スムージーは果物が粉砕されているため、果糖の吸収をさらによくする恐れがあります。

脂肪肝になると代謝が落ちてカロリー消費効率が下がります。つまり、体の脂肪が燃えにくくなるのです。加えて、脂肪肝は高血糖を招き、食後の高血糖によって、さらにカロリー消費効率を落とすことになります。

in SUMMARY
朝食の果物は脂肪肝になって痩せにくい体につながる

014

HOW TO READ THIS BOOK

LECTURE-01

就寝中に口の悪玉菌は増殖！しっかり取り除きましょう

正しいハミガキ法①

朝の起床後すぐに口をしっかりキレイにする

起床直後の口の中は悪玉菌がうじゃうじゃ状態
口をしっかりキレイにしてから朝をスタート

寝ているときには唾液の分泌量が減り、歯周病や虫歯などの悪玉菌が繁殖しやすく、朝起きたときの口の中には、たくさんの細菌が繁殖しています。ネバネバしたり口臭を感じたときには、口の状態が最悪のサイン。その状態で水を飲んだり朝食を食べたりすると、悪玉菌が食べ物などと一緒に腸に到達して腸内細菌に悪影響を及ぼし、脂肪肝や糖尿病、肥満につながります。朝起きた直後に、5分程度時間をかけるつもりでしっかりとしたハミガキを習慣化してください。そして朝食後は軽めのハミガキで口の衛生を保つようにしましょう。力を入れて磨くと歯の表面を傷つけるのでご注意を。

062

LECTURE-01

夕食後は軽めのハミガキ、寝る直前にしっかりと

寝ているときに歯周病菌や虫歯菌などは増殖します
口の中をキレイにして眠ることで予防しましょう

就寝中に歯周病菌や虫歯菌などの悪玉菌が増えるため、就寝直前と起床直後にしっかりハミガキをすることが理想です。また、夕食を食べてから就寝までの時間に開きがあると、その間は悪玉菌の増殖を抑えられない可能性があります。夕食後に軽くハミガキをして就寝直前にしっかり磨くようにしましょう。

外出していると昼食後のハミガキをしづらいことがあります。施設によっては新型コロナ対策でトイレでのハミガキを禁止しています。日中は唾液によって口の衛生環境は整えられるので、昼食後に虫歯予防のキシリトール成分の入ったガムをかんだり、マウスウォッシュでうがいをするだけでも効果的です。

重要なハミガキは、起床後と寝る直前と覚えておきましょう。そして、できる範囲で1日5回のハミガキを。

PART-03 自然に痩せ体質になる「おくち美化」習慣

063 SLIM DOWN NATURALLY with 'ORAL BEAUTY' PRACTICES

PART-03～04は各項目を見開きで解説しています

各章末にはその章のまとめがあります
どれくらい理解できたか確認してみてください

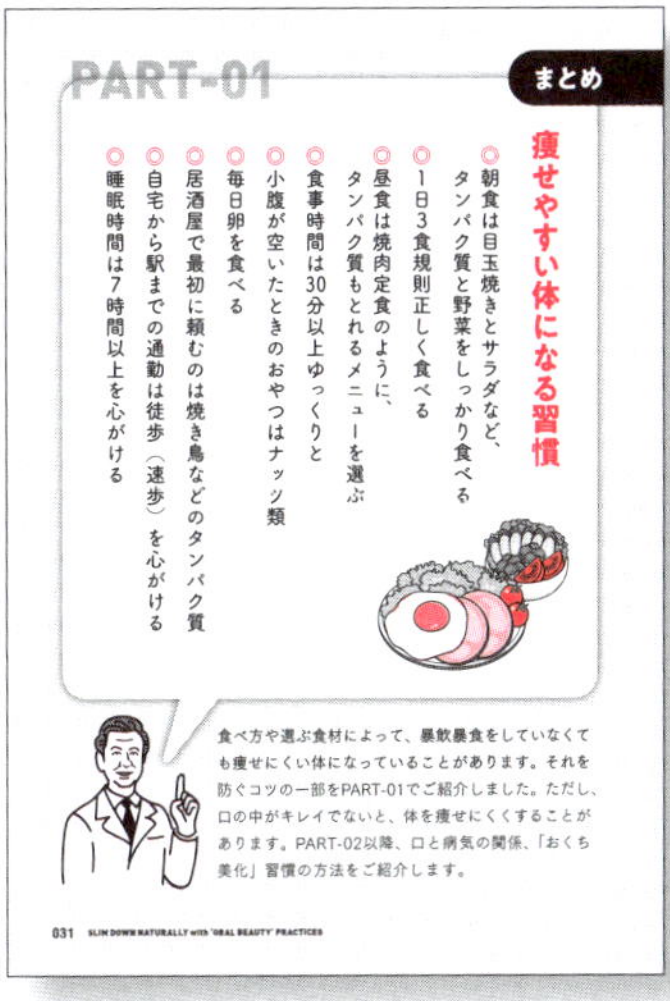
PART-01

まとめ

痩せやすい体になる習慣

◎朝食は目玉焼きとサラダなど、タンパク質と野菜をしっかり食べる
◎1日3食規則正しく食べる
◎昼食は焼肉定食のように、タンパク質もとれるメニューを選ぶ
◎食事時間は30分以上ゆっくりと
◎小腹が空いたときのおやつはナッツ類
◎毎日卵を食べる
◎居酒屋で最初に頼むのは焼き鳥などのタンパク質
◎自宅から駅までの通勤は徒歩（速歩）を心がける
◎睡眠時間は7時間以上を心がける

食べ方や選ぶ食材によって、暴飲暴食をしていなくても痩せにくい体になっていることがあります。それを防ぐコツの一部をPART-01でご紹介しました。ただし、口の中がキレイでないと、体を痩せにくくすることがあります。PART-02以降、口と病気の関係、「おくち美化」習慣の方法をご紹介します。

031 SLIM DOWN NATURALLY with 'ORAL BEAUTY' PRACTICES

SNS風コラムで先生方の思うことをご紹介

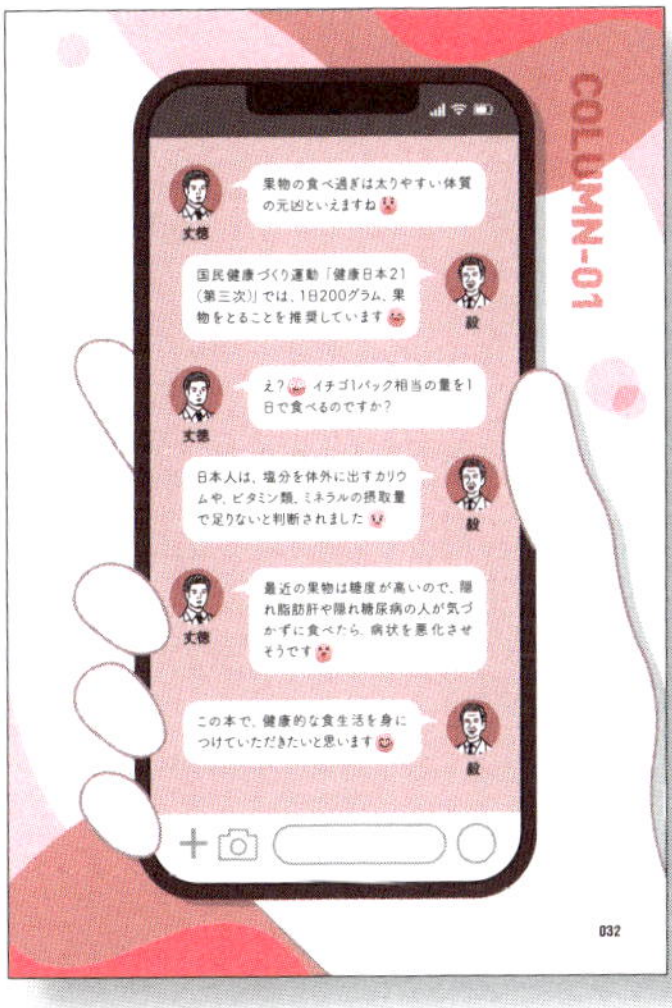

体が勝手に痩せはじめる「おくち美化」習慣◎目次

はじめに 002
本書の読み方 004

PART-01 知らぬ間に痩せない体質になっている 011

痩せられない体質チェック 012
QUESTION-01 どちらが痩せられない体になる？〈朝食編〉 013
QUESTION-02 どちらが痩せられない体になる？〈食事回数編〉 015
QUESTION-03 どちらが痩せられない体になる？〈昼食編〉 017
QUESTION-04 どちらが痩せられない体になる？〈食事時間編〉 019
QUESTION-05 どちらが痩せられない体になる？〈おやつ編〉 021
QUESTION-06 どちらが痩せられない体になる？〈食材編〉 023
QUESTION-07 どちらが痩せられない体になる？〈おつまみ編〉 025

QUESTION-08 どちらが痩せられない体になる？〈運動編〉 027
QUESTION-09 どちらが痩せられない体になる？〈睡眠時間編〉 029
【まとめ】 痩せやすい体になる習慣 031
COLUMN-01 032

PART-02 痩せない体質の原因は「口の状態」にあった！ 033

口の中チェック 034
QUESTION-10 口の中の細菌数は肛門より多い ○ or × 035
QUESTION-11 オーラルフレイルは30代から始まっている ○ or × 037
QUESTION-12 口の細菌は口の中にとどまる ○ or × 039
QUESTION-13 口の細菌が腸内環境を悪くする ○ or × 041
QUESTION-14 歯周病の人は筋肉が減りやすい ○ or × 043
QUESTION-15 歯周病の人は脂肪肝になりやすい ○ or × 045
QUESTION-16 口の細菌と動脈硬化は全く関係ない ○ or × 047

QUESTION-17 誤嚥《ごえん》性肺炎は歯周病菌でも起こる ○ OR × 049
QUESTION-18 認知症は口の細菌と無関係 ○ OR × 051
QUESTION-19 口の衛生環境は胃がんとも関係している ○ OR × 053
QUESTION-20 歯が痛くなければ歯科に行く必要はない ○ OR × 055
QUESTION-21 舌磨きも大切だ ○ OR × 057
【まとめ】 口をキレイにすると病気にもならない！ 059
COLUMN-02 060

PART-03 自然に痩せ体質になる「おくち美化」習慣 061
LECTURE-01 正しいハミガキ法① 062
LECTURE-02 正しいハミガキ法② 064
LECTURE-03 ハブラシの選び方 066
LECTURE-04 歯磨き粉の選び方 068
LECTURE-05 歯間ブラシの使い方 070

LECTURE-06 舌ブラシの使い方 072
LECTURE-07 セルフケアとプロケアの重要性 074
LECTURE-08 ドライマウスの改善 076
LECTURE-09 口腔ケアの大切さ 078
LECTURE-10 噛むことの大切さ 080
LECTURE-11 鼻呼吸を意識する 082
LECTURE-12 唾液腺と筋肉を鍛える① 084
LECTURE-13 唾液腺と筋肉を鍛える② 086
【まとめ】自然に痩せ体質になる口の中の整え方 088

PART-04 痩せる生活習慣をプラスして健康美を手に入れる 089

LECTURE-14 緑茶を活用 090
LECTURE-15 高カカオチョコ活用 092
LECTURE-16 糖質ちょいオフ 094

LECTURE-17 食べ順と食材 096
LECTURE-18 食材とお酒 098
LECTURE-19 野菜とポリフェノール 100
LECTURE-20 下半身の筋肉を鍛える 102
LECTURE-21 通勤中も運動 104
LECTURE-22 質の良い睡眠も大切 106
【まとめ】痩せる生活習慣をプラスしましょう！ 108
COLUMN-03 109

おわりに 110

SLIM DOWN NATURALLY
with 'ORAL BEAUTY' PRACTICES

PART-01
知らぬ間に痩せない体質になっている

運動しているはずなのに体重が落ちにくいことはありませんか？　また、さっき食べたばかりなのに小腹が空いて、食欲が止まらないこともあるでしょう。日頃の生活習慣によって知らぬ間に痩せにくい体になっていることがあります。この章ではそんな生活習慣をチェックします。

痩せられない体質チェック

□ 運動習慣がない

□ 筋肉が衰えたと感じる

□ 朝起きたときに疲れがとれていない

□ デスクワークなどで長時間座りっぱなし

□ 1人前の食事量では満足できず、つい食べ過ぎる

□ 間食が欠かせない

□ 太らないために食事を抜いてスイーツを食べる

□ 強いストレスを常に感じている

□ 歯科へ行ったのはいつのことか覚えていない

□ 人との会話の機会が少ない

運動習慣がないと、エネルギー代謝が低下して太りやすくなります。余分な中性脂肪が肝臓や筋肉などにつくことで、さらに代謝が落ちます。結果として起こるのが脂肪肝や糖尿病です。といっても初期段階では自覚症状はありません。知らぬ間に痩せにくい体になるのです。

QUESTION-01

どちらが
痩せられない体になる?
〈朝食編〉

朝食は健康を意識して
果物や野菜たっぷりのスムージー?
それとも朝食の定番目玉焼きと野菜サラダを食べる?

A

朝食はスムージー

OR

B

目玉焼きとサラダをしっかり

KURIHARA's INSIGHTS

寝起きの空腹状態で食べることをイメージしてみましょう。糖質を多く含む方が太りやすくなります。どちらでしょう?

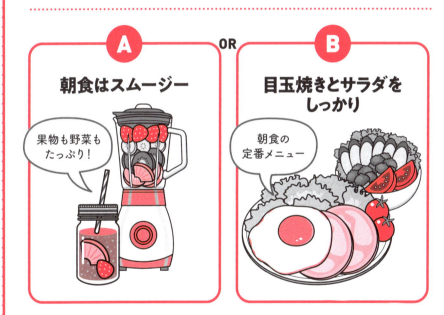

痩せられない体になるのは!!

ANSWER-01

A 朝食はスムージー

**果物をたっぷり使ったスムージーは
太る原因の脂肪肝につながり
毎朝飲むことで代謝を落として痩せにくい体に**

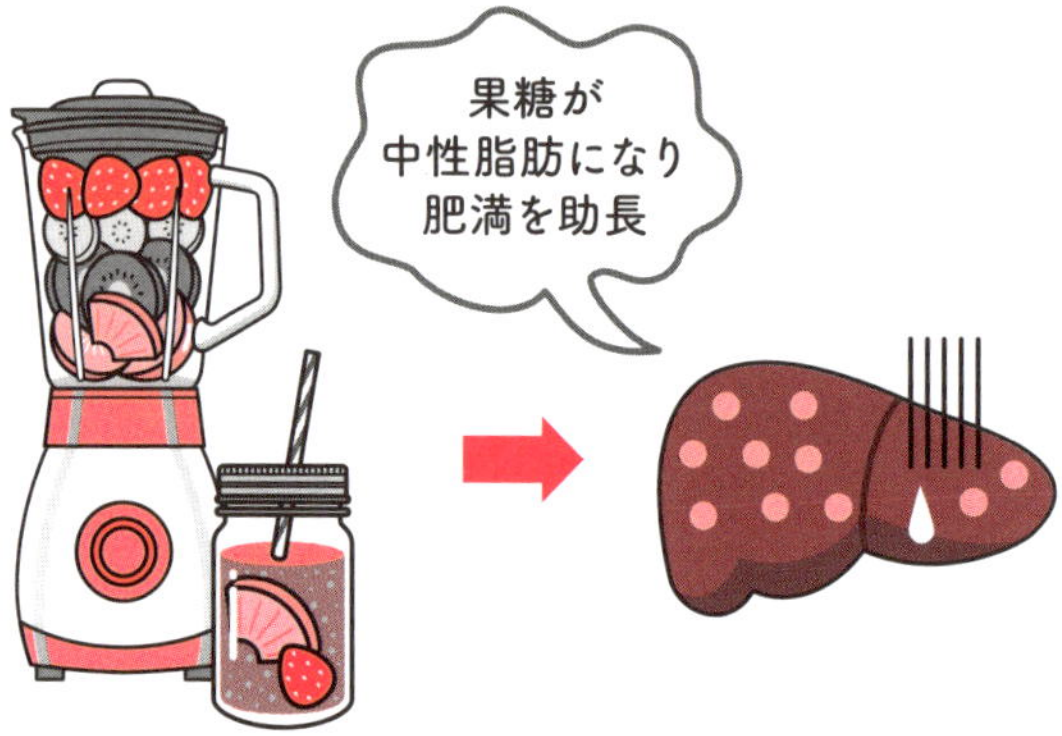

果物が肝臓の中性脂肪を増やし肥満を助長する

果物はビタミンやミネラルを多く含み健康に役立つ食材ですが、果物に多く含まれる果糖は、小腸での吸収が速く肝臓で中性脂肪に変わりやすいのです。特に朝起きた直後の空腹時に果物をとると果糖が吸収されやすく、余分な中性脂肪が肝臓にたまって脂肪肝につながります。しかも、スムージーは果物が粉砕されているため、果糖の吸収をさらによくする恐れがあります。

脂肪肝になると代謝が落ちてカロリー消費効率が下がります。つまり、体の脂肪が燃えにくくなるのです。加えて、脂肪肝は高血糖を招き、食後の高血糖によって、さらにカロリー消費効率を落とすことになります。

in SUMMARY

朝食の果物は脂肪肝になって痩せにくい体につながる

QUESTION-02

どちらが痩せられない体になる？
〈食事回数編〉

朝は忙しいので朝食を抜く人もいるでしょう
1日3食よりも、2食の方が
食べる量は少なくなるような気がしませんか？

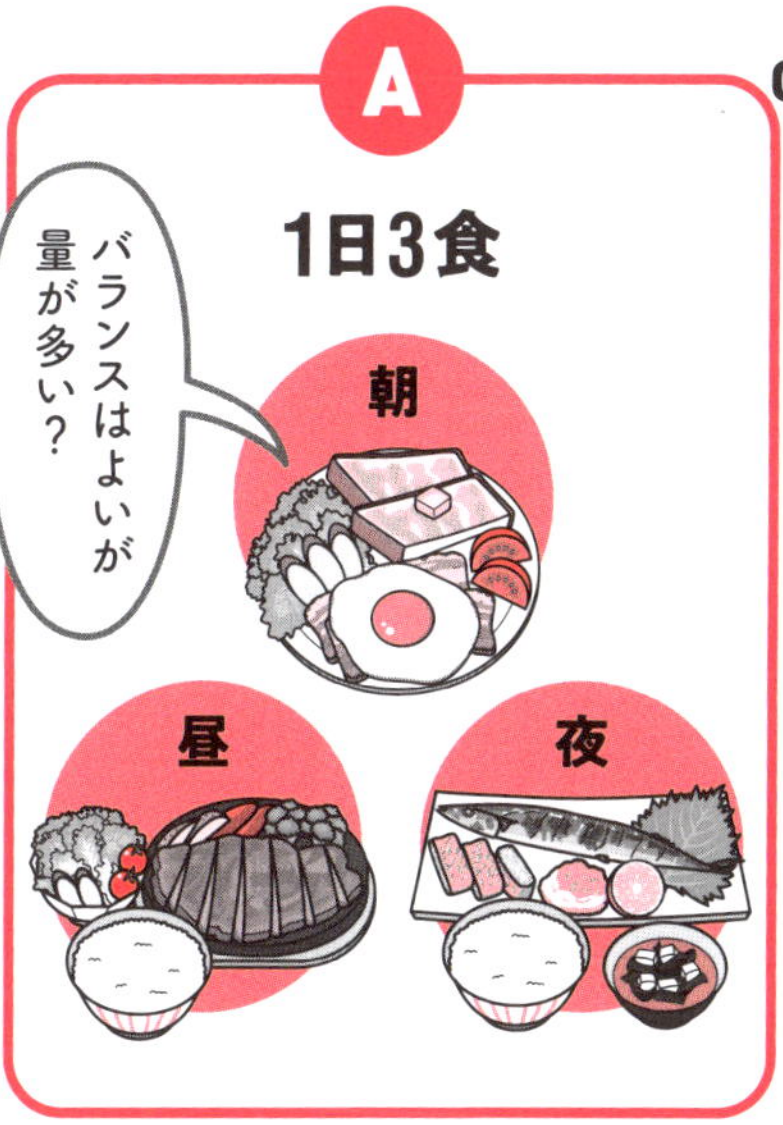

OR

KURIHARA's INSIGHTS

朝食を抜くとお腹が空いて昼食はたっぷり食べがちです。では、1日3食と1日2食、量が同じでもよくないのは？

痩せられない体になるのは!!

ANSWER-02

B 1日2食

1日3食に比べて1日2食は食後高血糖を起こしやすく糖質がより速く多く吸収されて中性脂肪を増やします

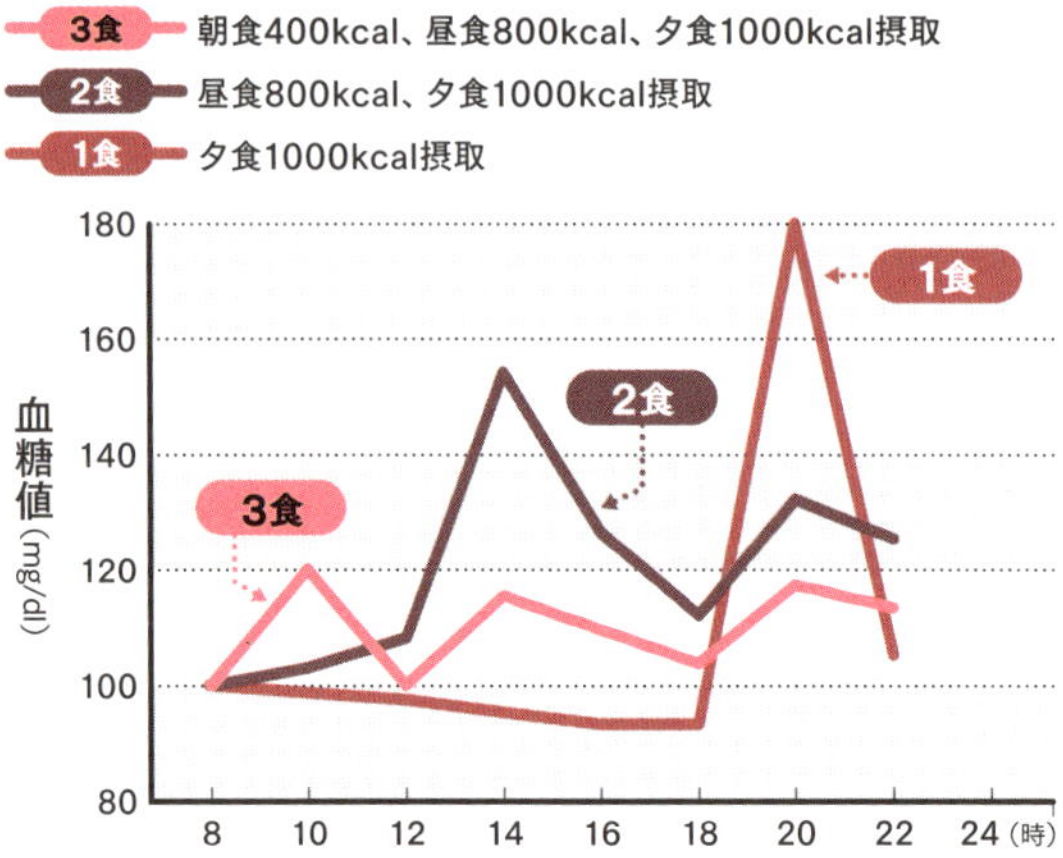

※出典：Diabetes,2008 Oct;57(10):2661-5より

ご飯や麺類などを食べると消化吸収されてブドウ糖に変わり、血液で細胞へと運ばれます。血液を流れるブドウ糖の濃度を示しているのが血糖値です。食後高血糖であればあるほど血中のブドウ糖が多いことを示し、余分なブドウ糖は中性脂肪に変わります。つまり、食後高血糖は肥満につながりやすいのです。

1日2食は、1日3食よりも食後の血糖値が上昇しやすいと報告されています。1日2食よりも1日1食の方がさらに食後の血糖値は上がります。

食後高血糖による肥満を防ぐには、1日3食を食べることが重要になります。適量を守ることもお忘れなく。

in SUMMARY

食事の量よりも食後の高血糖予防を考えましょう

QUESTION-03

どちらが痩せられない体になる？〈昼食編〉

麺類はさっと食べられて、醤《しょう》油《ゆ》味や塩味はヘルシー
焼肉定食は肉がたくさんあってボリュームたっぷり
どちらが×？

A OR **B**

ラーメン

焼肉定食

KURIHARA's INSIGHTS

カロリーが高い方が太りやすいと勘違いしている人が多いのですが、糖質が少ない食品の方がヘルシーです

痩せられない体になるのは!!

A ラーメン

麺類中心のラーメンは糖質を多く含み太りやすく
タンパク質を多く含む焼肉定食の方が太りにくいです

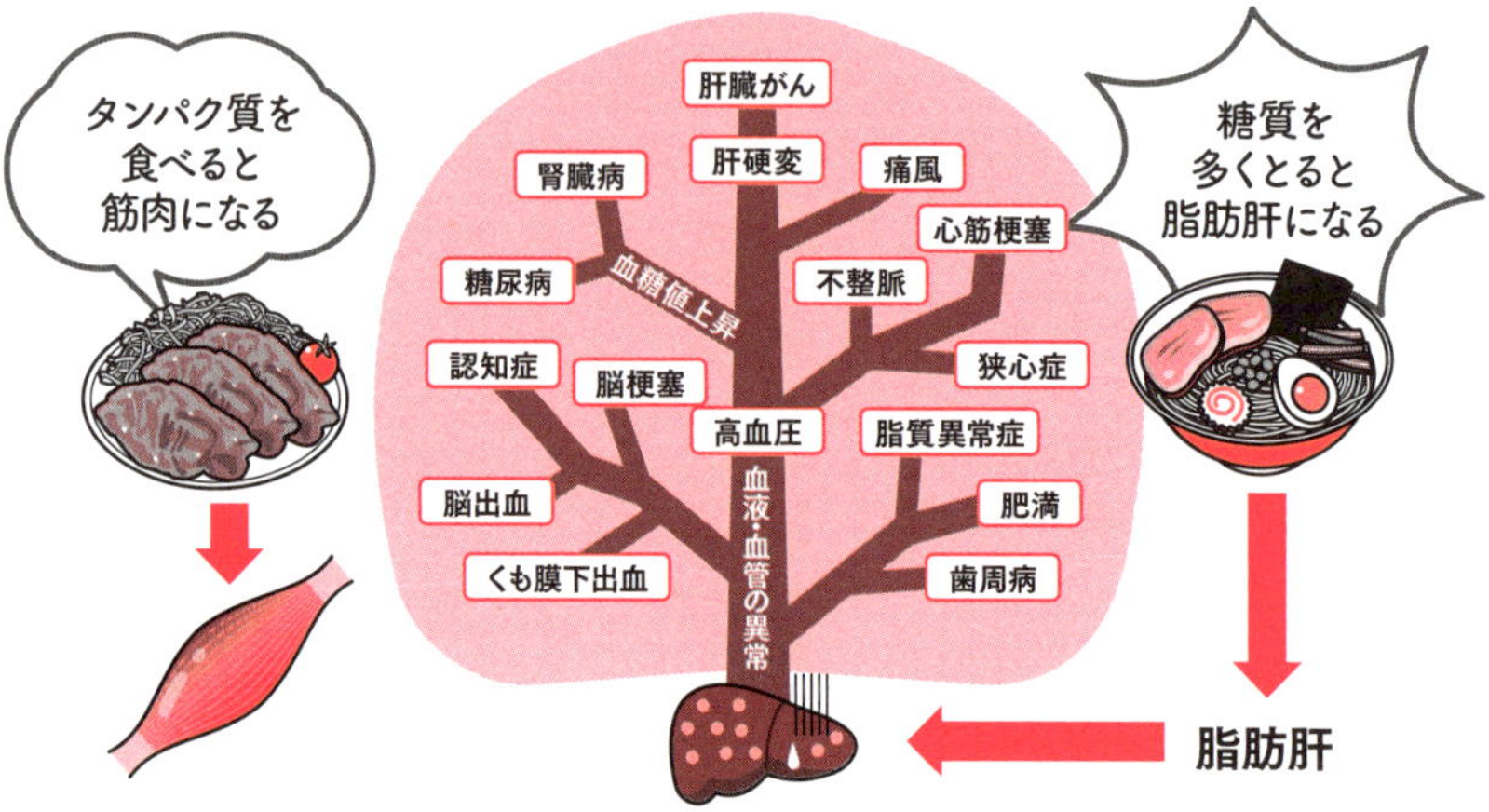

脂肪肝は肥満やメタボの源流にあり痩せにくい体を促進させる

ラーメンなどの麺類は体内で分解されてブドウ糖になり、余分なブドウ糖は中性脂肪に変わって肝臓に蓄積されると脂肪肝になります。脂肪肝の状態が続くと肥満や糖尿病などの生活習慣病に直結し、心筋梗塞や脳梗塞、がんにもつながります。脂肪肝を甘く見てはいけません。

一方、焼肉定食の焼肉はタンパク質と脂質を多く含み、体内でブドウ糖に変わりにくいといえます。タンパク質は筋肉の材料になる大切な栄養素なので、焼肉定食を食べて体を動かすことが理想です。ただし、焼肉定食のご飯を食べ過ぎると、ラーメンと同じになります。ご飯は少なめにしましょう。

in SUMMARY

ラーメンなどの食べ過ぎは病気の源・脂肪肝に直結します

QUESTION-04

どちらが痩せられない体になる？
〈食事時間編〉

“タイパ”がいいのは10分以内の食事です
さっさと食べて昼休みを有効に使いたいですが
健康を考えたときには？

A

10分以内

OR

B

30分以上

KURIHARA's INSIGHTS

昼食をさっさと食べた後にコーヒーと一緒にスイーツを食べていませんか？ 食べた直後でもスイーツは別腹になる理由は？

痩せられない体になるのは!!

ANSWER-04

A 10分以内

**早食いは食欲増進、脂肪肝、肥満、
糖尿病につながります
30分以上が難しくても15分以上は時間をかけましょう!**

早く食べても
満腹に
ならないなぁ

お腹が出てきた…
でも食べたい…

短時間のドカ食いは血糖値を上げ
血糖値の上昇が続くことで糖尿病になったり
肝臓や筋肉に脂肪がたまって代謝が落ち
太りやすくなったりする

「お腹がいっぱい」と感じる満腹中枢が働くには、食べ始めてから15分以上かかるといわれています。5~10分以内に食べ終わってしまうと満腹感を得にくく、必要以上の量を食べてしまいがちです。また、短時間に多量の糖質が体内に入ることで、食後の血糖値が急上昇します。これを繰り返すと脂肪肝になり、糖尿病の発症リスクも上がります。脂肪肝や糖尿病になると筋肉にも脂肪が蓄積され、消費エネルギーの代謝効率が落ちて太りやすくなるのです。早食いは肥満につながり痩せにくくなります。忙しい昼食でもなるべく時間をかけて食べるようにしましょう。

in SUMMARY

短時間の食事は太りやすく不健康につながります

QUESTION-05

どちらが
痩せられない体になる?
〈おやつ編〉

小腹が空いたときに食べるのは何ですか?
ケーキ類やドーナッツ類など甘いお菓子は太ります
では、せんべいとナッツ類は?

A

せんべい

OR

B

ナッツ類

KURIHARA's INSIGHTS

ひとつは間食の定番で、脂肪肝を促すので注意が必要なおやつです。もうひとつは私がお勧めしているおやつです

A せんべい

**うるち米を原料としたせんべいは
ご飯を食べるのと同じで糖質たっぷり
脂肪肝につながるのでよくありません**

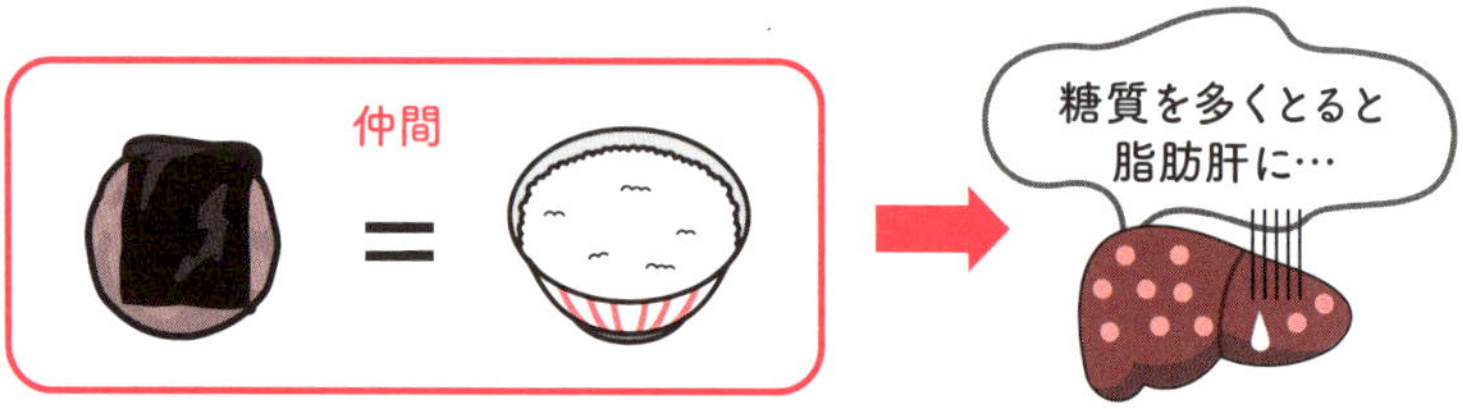

糖質たっぷりのせんべいに対して
低糖質、高たんぱく、ビタミンEや鉄分などが豊富

脂肪肝で糖尿病や肥満を抱えている患者さんに、おやつでせんべいを食べている人を多く見かけます。せんべいを止めるように指導すると、脂肪肝は改善しやすくなります。

一方、ナッツ類には抗酸化作用のあるビタミンEや、炎症を抑える不飽和脂肪酸、食物繊維やミネラルなど健康に役立つ栄養素が含まれます。ナッツ類を毎日食べている人は、食べていない人と比べて、肥満が少なく、内臓脂肪の指標となる腹囲も低いことが海外の研究で報告されています。国内の疫学研究でもピーナッツを多く食べていると脳卒中の発症リスクが減ることが明らかにされています。

in SUMMARY

おやつも食品選びが重要。健康に役立つものを食べましょう

QUESTION-06

どちらが痩せられない体になる？

〈食材編〉

一般的に動脈硬化の元凶といわれる
LDL（悪玉）コレステロール
卵を食べると増えるといわれています

A

毎日卵を食べる

コレステロールは
気にしない

OR

B

毎日卵を食べない

動脈硬化に
なりたくない

KURIHARA's INSIGHTS

健康情報は最新の内容にアップデートすることをお勧めします。その情報を基にすると食べてよいものがわかります

B 毎日卵を食べない

**体内の余分な脂肪を燃焼させ大切な筋肉を作るため
毎日、卵を食べることは大いに役立ちます
毎日食べましょう！**

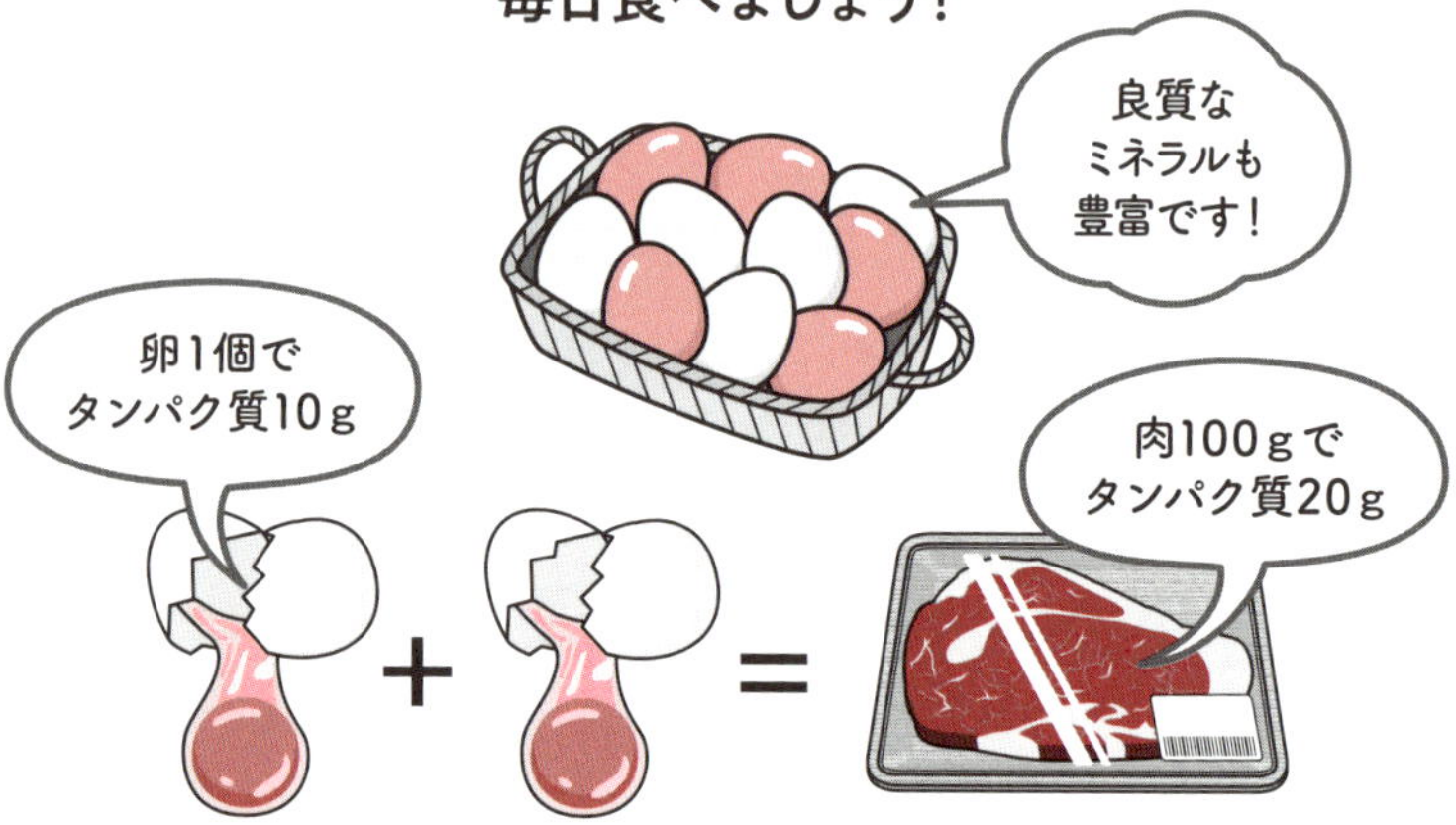

1日に摂取するべきタンパク質の目安は体重の数字と同じグラム数

卵はタンパク質に加え、カルシウムやマグネシウムなどの栄養素が豊富です。卵がＬＤＬコレステロール値を高めて動脈硬化を促進するのは、誤解ということがわかっています。

筋肉量を増やすには、適度な運動とタンパク質が不可欠です。１日のタンパク質摂取量の目安は体重の数字と同じグラム数です。体重60キログラムならば、タンパク質は60グラム。食品に含まれるタンパク質の目安は、卵１個は約10グラム、肉類は１００グラムで約20グラム、魚類も１００グラムで約20グラム。朝はゆで卵や目玉焼き、昼はオムレツや焼肉定食、夜はサバの缶詰はいかがでしょうか。

in SUMMARY

動脈硬化の促進は誤解。タンパク質をとって筋肉を増やそう！

QUESTION-07

どちらが痩せられない体になる？
〈おつまみ編〉

ストレス発散の飲酒でも
おつまみ選びを間違えると太りやすくなります
たとえば肉じゃがと焼き鳥ならどっちでしょうか？

A

肉じゃが

OR

B

焼き鳥

KURIHARA's INSIGHTS

肉じゃがは、じゃがいもやにんじん、玉ねぎといった野菜がたっぷり入っています。味付けの調味料にも着目しましょう

痩せられない体になるのは!!

ANSWER-07

A 肉じゃが

じゃがいもやにんじん
味付けの砂糖やみりんに糖質が多く含まれるため
空腹時に食べると中性脂肪の増産につながります

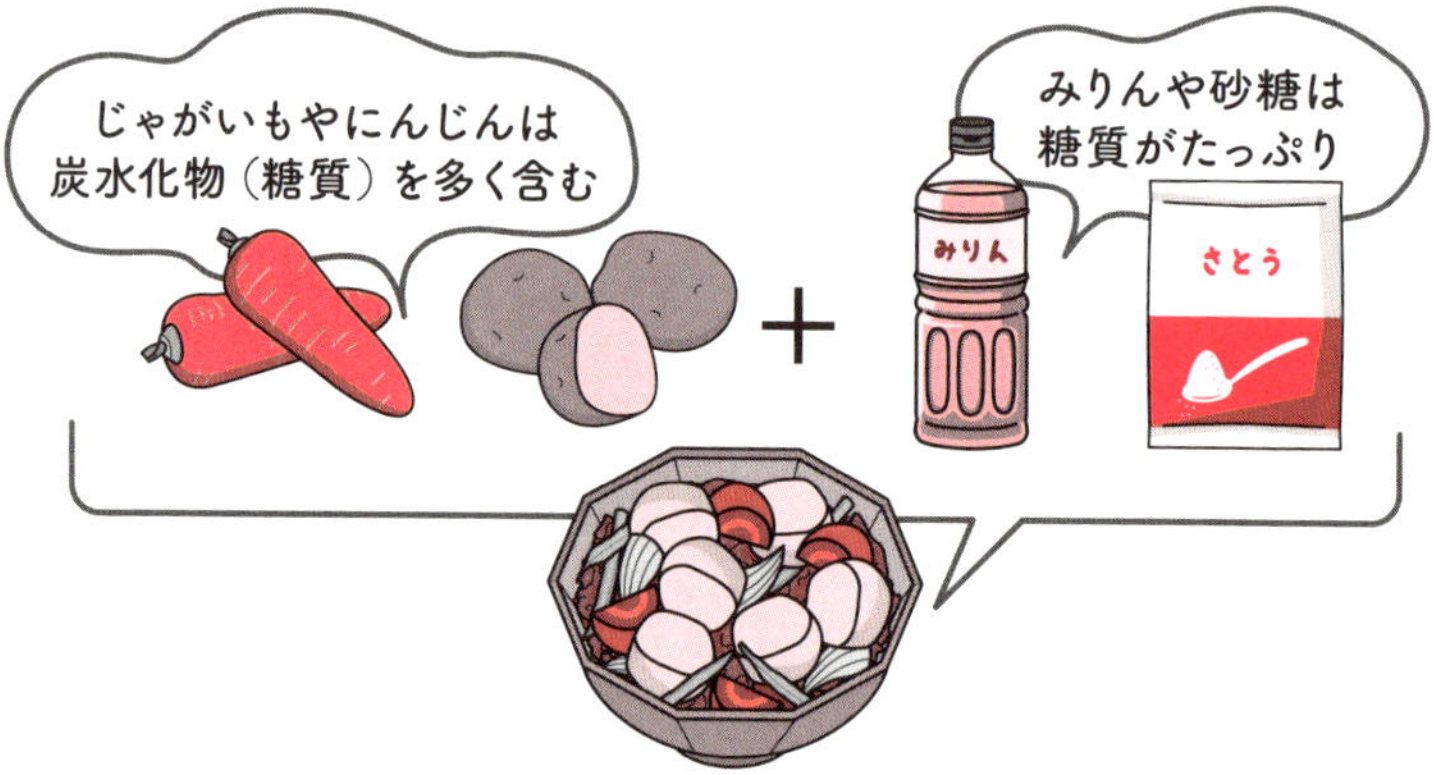

じゃがいもやにんじんと合わさると食後血糖値上昇！

飲酒で太る理由のひとつに、おつまみの選び方があります。肉じゃがのように低カロリーでヘルシーそうな一品は、実は糖質がたっぷり入っていて太りやすいのです。フライドポテトやポテトサラダも糖質を多く含むので要注意です。もちろん、〆のラーメンやお茶漬けは、太りやすい体質を助長します。

お酒を飲むときには、タンパク質を多く含むメニューを最初に頼むとよいでしょう。タンパク質は筋肉の材料になり、肝臓のアルコール代謝も促進されるので、二日酔い防止にも役立ちます。焼き鳥や刺身の盛り合わせ、冷ややっこや枝豆などはタンパク質を多く含みます。

in SUMMARY

糖質を多く含む食材や味付けに注意しましょう

QUESTION-08

どちらが痩せられない体になる？

〈運動編〉

仕事などが忙しいと
運動習慣をもてないことはありがちでしょう
徒歩通勤だけでも筋肉強化に役立つと思いますか？

A

運動習慣がない

OR

B

徒歩通勤

KURIHARA's INSIGHTS

痩せるためには筋肉が不可欠です。筋肉は運動と食事のタンパク質の両輪で養われます。ということは、答えは簡単でしょう

A 運動習慣がない

**ジムに通う時間がなくても日常生活で工夫をすることで
筋肉量を増やすことができます
徒歩通勤はその代表です**

大またで
速歩がお勧め
1日に8時間以上
座ったままでは
肥満になり
死亡リスクもUP…

徒歩通勤はウォーキングに匹敵するほど脂肪を燃やすのに役立つ

運動習慣を持ちたくても、心身が疲れて時間に余裕がないと難しいでしょう。わざわざジムに通うのにはお金と時間がかかります。そこで、私が患者さんに勧めているのは、日常生活で体をなるべく動かすことです。自宅から駅までの10分〜15分を速歩で歩くだけで、毎日往復20分〜30分の運動になります。

1日8時間以上座ったままでは、肥満の人が多く、死亡リスクが高いという海外の研究報告があります。しかし、デスクワークでは、8時間以上座ったままという人もいます。1時間に1回立ち上がる、昼休みに体を動かすなど、通勤時間以外でも運動を意識しましょう。

in SUMMARY

通勤を運動時間と心得て体活動量を上げましょう!

QUESTION-09

どちらが痩せられない体になる?

〈睡眠時間編〉

仕事や家事などで忙しいと睡眠時間は減りがちです
6時間未満の人も4割程度います
では、痩せにくい体になるのは?

A 1日7時間以上

OR

B 1日6時間未満

KURIHARA's INSIGHTS

代謝が上がればエネルギー消費が増えますが、睡眠時間が短いと1日の活動量が増えて代謝は上がると考えますか?

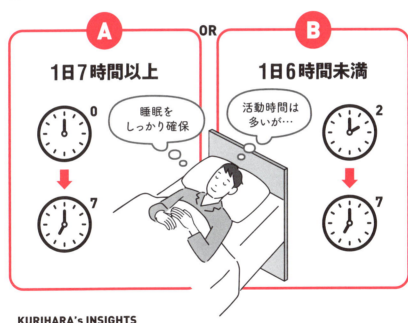

B 1日6時間未満

1日6時間未満では食欲抑制ホルモンの分泌が減少し
食欲増進ホルモンが増えるなどして
肥満につながります

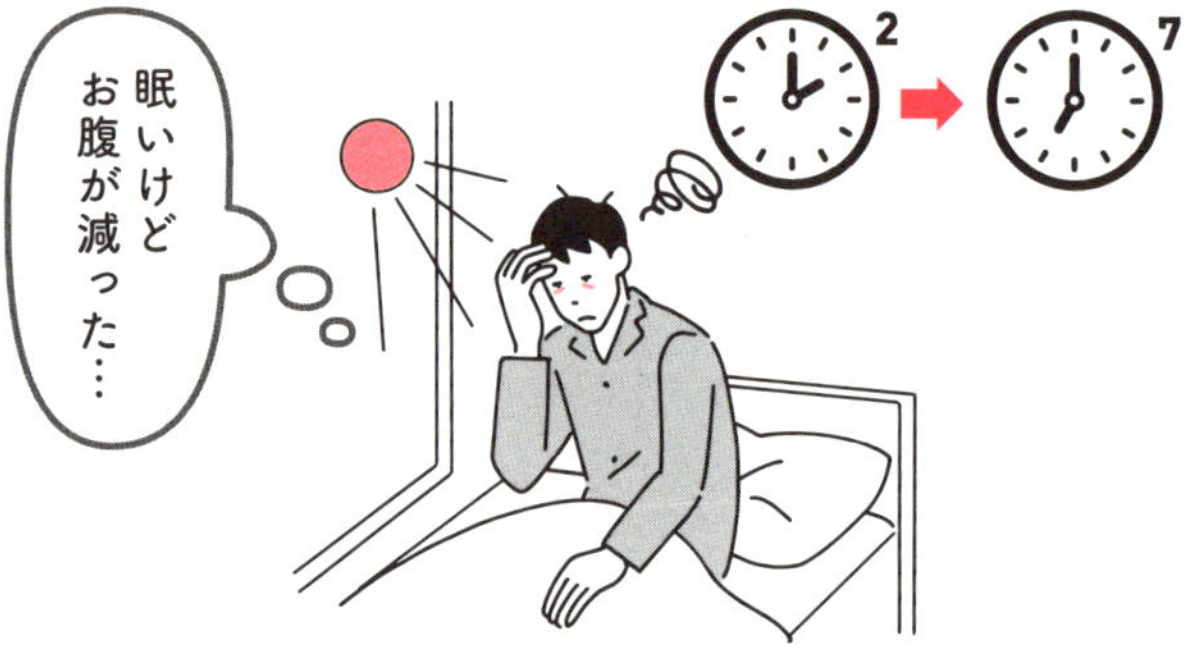

睡眠時間が短いと食欲を抑えるホルモンのレプチンが減少し
心身の休息が不足するだけでなく食欲を増すホルモン・グレリンが増える

睡眠時間と肥満の関係についての大規模な疫学研究では、睡眠6時間未満はそれ以外と比べて肥満が多いと報告されています。5時間未満はさらに肥満発症リスクが高くなっていました。その理由として考えられているのが、食欲抑制ホルモン・レプチンの減少と、食欲増進ホルモン・グレリンの増加です。短時間睡眠の人は、食欲が増して食べ過ぎる傾向があるのです。その分、エネルギー消費をできればよいのですが、睡眠時間が短くても、7時間以上の人とエネルギー代謝は変わらないとの報告がありました。短時間睡眠だと食べ過ぎてしまい、脂肪として蓄積され肥満につながりやすいのです。

in SUMMARY

痩せやすい体質になるには7時間以上の睡眠が大切です

PART-01 まとめ

痩せやすい体になる習慣

◎朝食は目玉焼きとサラダなど、タンパク質と野菜をしっかり食べる

◎1日3食規則正しく食べる

◎昼食は焼肉定食のように、タンパク質もとれるメニューを選ぶ

◎食事時間は30分以上ゆっくりと

◎小腹が空いたときのおやつはナッツ類

◎毎日卵を食べる

◎居酒屋で最初に頼むのは焼き鳥などのタンパク質

◎自宅から駅までの通勤は徒歩（速歩）を心がける

◎睡眠時間は7時間以上を心がける

食べ方や選ぶ食材によって、暴飲暴食をしていなくても痩せにくい体になっていることがあります。それを防ぐコツの一部をPART-01でご紹介しました。ただし、口の中がキレイでないと、体を痩せにくくすることがあります。PART-02以降、口と病気の関係、「おくち美化」習慣の方法をご紹介します。

COLUMN-01

丈徳：果物の食べ過ぎは太りやすい体質の元凶といえますね

毅：国民健康づくり運動「健康日本21(第三次)」では、1日200グラム、果物をとることを推奨しています

丈徳：え？ イチゴ1パック相当の量を1日で食べるのですか？

毅：日本人は、塩分を体外に出すカリウムや、ビタミン類、ミネラルの摂取量が足りないと判断されました

丈徳：最近の果物は糖度が高いので、隠れ脂肪肝や隠れ糖尿病の人が気づかずに食べたら、病状を悪化させそうです

毅：この本で、健康的な食生活を身につけていただきたいと思います

SLIM DOWN NATURALLY
with ‘ORAL BEAUTY’ PRACTICES

PART-02

痩せない体質の原因は「口の状態」にあった!

食事の量を減らして運動で体を動かすことに一生懸命取り組むと、体重は一時的には落ちます。ところがしばらくするとリバウンド。この太りやすい体質に口の衛生状態が関わることがあるのです。この章では、口と太る仕組みや病気との関係をご紹介します。

口の中チェック

□ 口臭が気になる、あるいは、家族から指摘された

□ ハミガキをすると歯茎から血が出る

□ 口の中がネバネバしている

□ 口内炎がよくできる

□ 硬いせんべいなどを噛《か》むのがつらい

□ 麺類など、あまり噛まなくてもよい食事を好む

□ クッキーなどパサパサした食品は飲み込みづらい

□ 舌に真っ白い舌苔《ぜったい》がビッシリ

□ 滑舌が悪く、「えっ？」と聞き返されることが増えた

毎日ハミガキをしているつもりでも、口の中にはたくさんの細菌が繁殖しています。唾液の量が少なくなる口腔乾燥症（ドライマウス）では、歯や歯ぐき、舌についた細菌を洗い流すことができずに繁殖を招くのです。上記に当てはまる項目が多いほど口の状態は悪いといえます。この状態を放置すると太りやすく、病気にもつながるので注意しましょう。

QUESTION-10

口の中の細菌数は肛門より多い

歯の表面や歯ぐきの間に白くついた
プラーク（歯《し》垢《こう》）や舌苔は口の中の細菌をたくさん含みます
その数は肛門より多いでしょうか？

○ OR ×

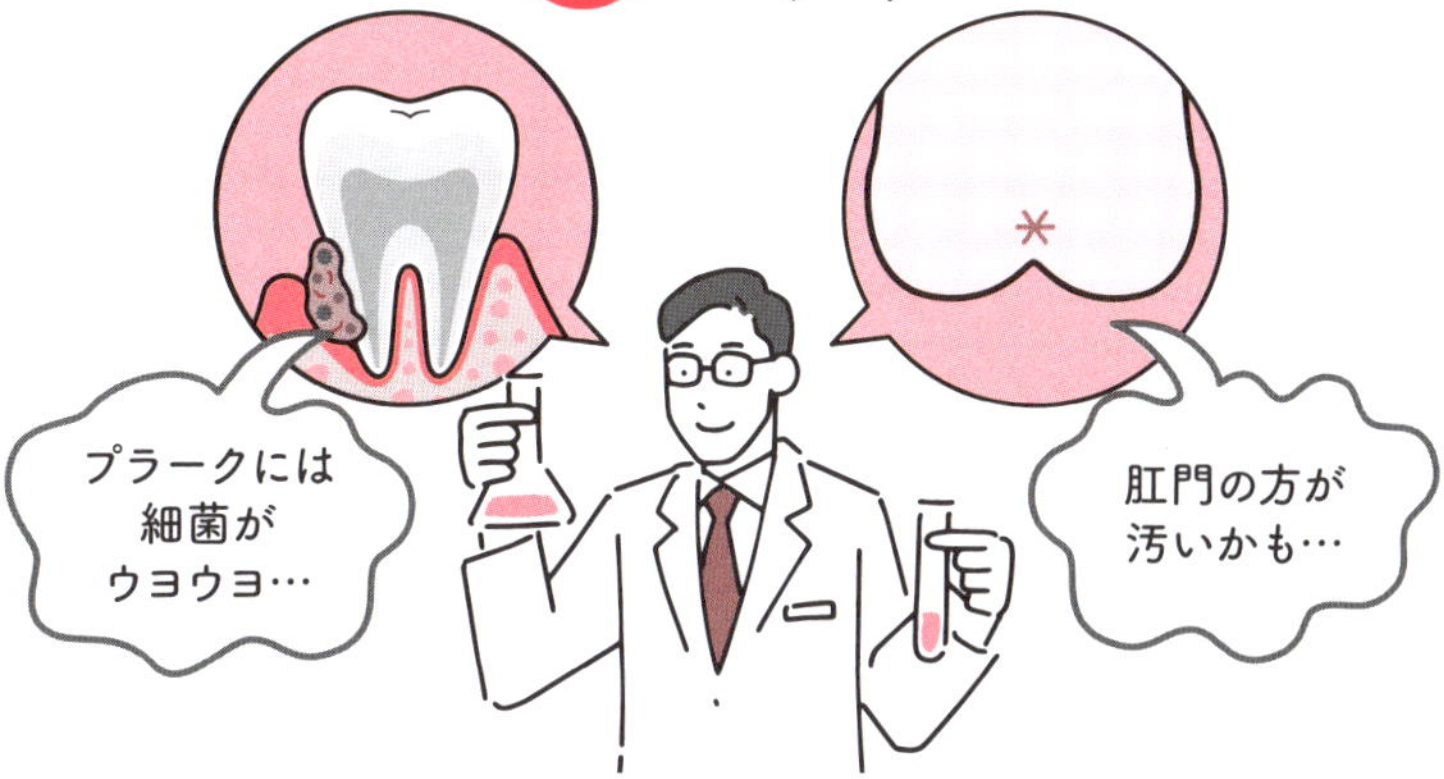

口の中は歯周病菌や虫歯菌などの細菌がたくさん生息しています。大腸にも善玉菌や悪玉菌など山のような数の腸内細菌がおり、顕微鏡で見るとお花畑のように見えるため腸内フローラと呼ばれます。

KURIHARA's INSIGHTS

毎日ハミガキをして口の中を清潔に保っているはずですが、口の中の細菌はとても多いのです

ANSWER-10

○ 口の中の細菌数は肛門より多い

**口の中には、管理が悪いと1兆個の細菌が生息し
大腸につながる肛門よりも細菌数が多いといわれています**

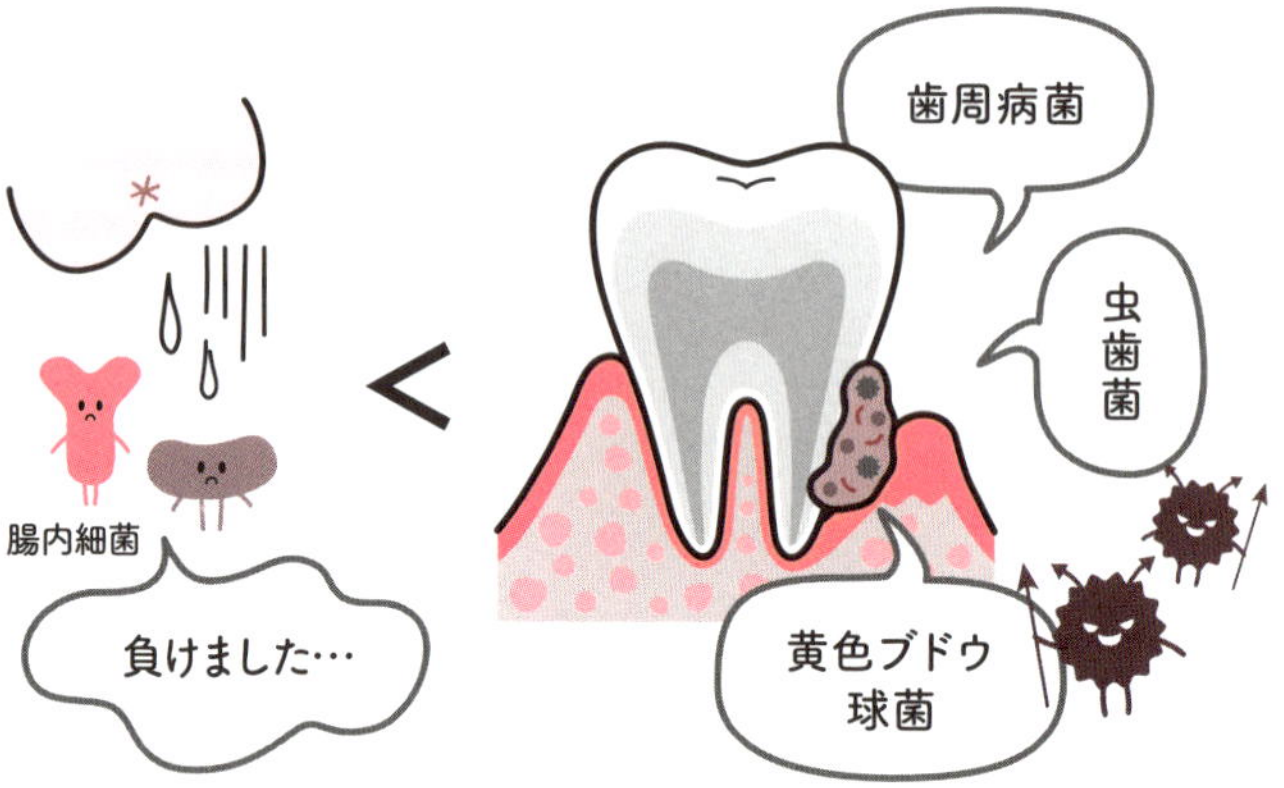

口は、外気に触れ、食べ物や飲み物などを入れるため、細菌が侵入しやすく繁殖しやすい場所です。常に湿った状態で、温度も37度程度に保たれ、食べカスなどの栄養も豊富なので、細菌が繁殖しやすいのです。虫歯菌のミュータンス菌、歯周病のジンジバリス菌はよく知られていますが、黄色ブドウ球菌や肺炎桿菌《かんきん》など、およそ700種類もの細菌が1000億個以上も生息しています。口の衛生状態が悪い人では、口の細菌数は1兆個を超えているといわれています。単純な数の比較でいえば、口の中の細菌数は直腸に匹敵し、肛門より多いといえます。

in SUMMARY

プラーク（歯垢）は細菌のかたまりのことです

QUESTION-11

オーラルフレイルは30代から始まっている

加齢によって心身が衰えて
機能が低下して起こるフレイル（虚弱）は
口の中でも起こります。30代で始まりますか？

○ OR ×

心身のフレイルは高齢期に起こりやすく、放置すると寝たきりにつながるといわれています。口の中のフレイルも、当然、加齢とともにリスクは高くなります。ただし、始まりはもっと早いかもしれません。

KURIHARA's INSIGHTS

硬い食材でもしっかりかんで、きちんと飲み込む食事ができていますか？ 歯の具合が悪いと難しくなるでしょう

○ オーラルフレイルは30代から始まっている

**虫歯や歯周病、会話の減少
ドライマウス、やわらかい食品などで
口周りの筋肉や組織は若くても衰えます**

- 歯の数の減少
- 噛む／飲み込む筋肉が衰える
- 食べることのできる食品の種類が減少する

オーラルフレイル期

↓

- 満足な食事ができなくなる
- 摂取できる栄養素が偏ってしまう（炭水化物の増加）
- 食品多様性の低下

↓

全身のフレイルへ

オーラルフレイルは口の機能が低下した状態です。噛んだり、飲んだり、話をしたりする機能が低下し、よく噛めない、飲み込むとむせる、滑舌が悪いといったことが代表的な症状といえます。その先にあるのが全身と心の機能低下を引き起こすフレイルです。ご高齢の方にありがちな症状ですが、若くても虫歯や歯周病を放置していると口の機能は低下します。また、会話が少なかったり、やわらかい食品ばかりを食べていたりすると、舌や口周りの筋肉などが衰え、オーラルフレイルになります。また、歯が抜ける最大原因の歯周病も、オーラルフレイルを助長します。

in SUMMARY

若くてもオーラルフレイルになって口の機能は低下

QUESTION-12

口の細菌は口の中にとどまる

口の中には、およそ700種類もの細菌が
1000億個以上生息していますが
口の中にとどまっていると思いますか？

○ OR ×

口の中の細菌は、ゴックンと飲み込む唾と一緒に食道から胃へ向かうでしょう。胃酸で細菌は死滅すると思いますか？ また、もうひとつ、別の全身へのルートがあるとしたらどうでしょうか？

KURIHARA's INSIGHTS

**歯周病になると歯ぐきから何かが出ませんか？
「歯ぐきから○が出る」それは口から全身へのルートを示すサインです**

✕ 口の細菌は口の中にとどまらない

**歯周病菌の代表格・ジンジバリス菌は
胃酸をすり抜けて腸まで達し
歯ぐきの血管からも侵入して全身を巡ります**

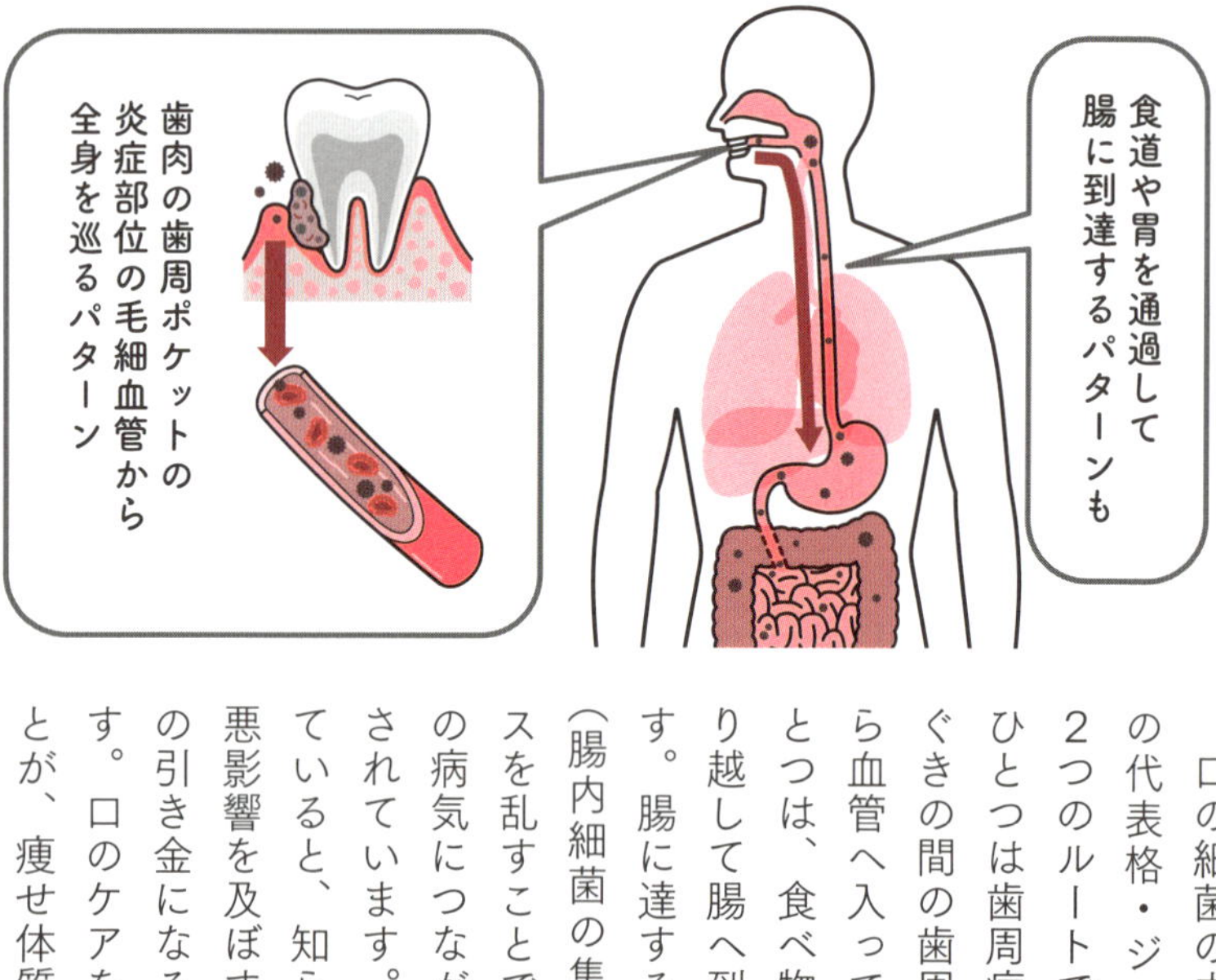
歯肉の歯周ポケットの炎症部位の毛細血管から全身を巡るパターン
食道や胃を通過して腸に到達するパターンも

口の細菌の中でも、歯周病菌の代表格・ジンジバリス菌は、2つのルートで全身を巡ります。ひとつは歯周病で生じた歯と歯ぐきの間の歯周ポケットの傷から血管へ入って全身へ。もうひとつは、食べ物と一緒に胃を通り越して腸へ到達するルートです。腸に達すると腸内フローラ（腸内細菌の集まり）のバランスを乱すことで、脂肪肝や全身の病気につながる可能性が報告されています。歯周病を放置していると、知らない間に代謝に悪影響を及ぼす脂肪肝や、病気の引き金になることがあるのです。口のケアをしっかり行うことが、痩せ体質にも病気予防にも欠かせないのです。

in SUMMARY

口の細菌が全身を巡ると脂肪肝などの病気に

QUESTION-13

口の細菌が腸内環境を悪くする

口の中の細菌が腸内に到達したら
腸内環境を悪くすると思いますか?
歯周病菌 VS 腸内細菌の戦いの行方は?

○ OR ×

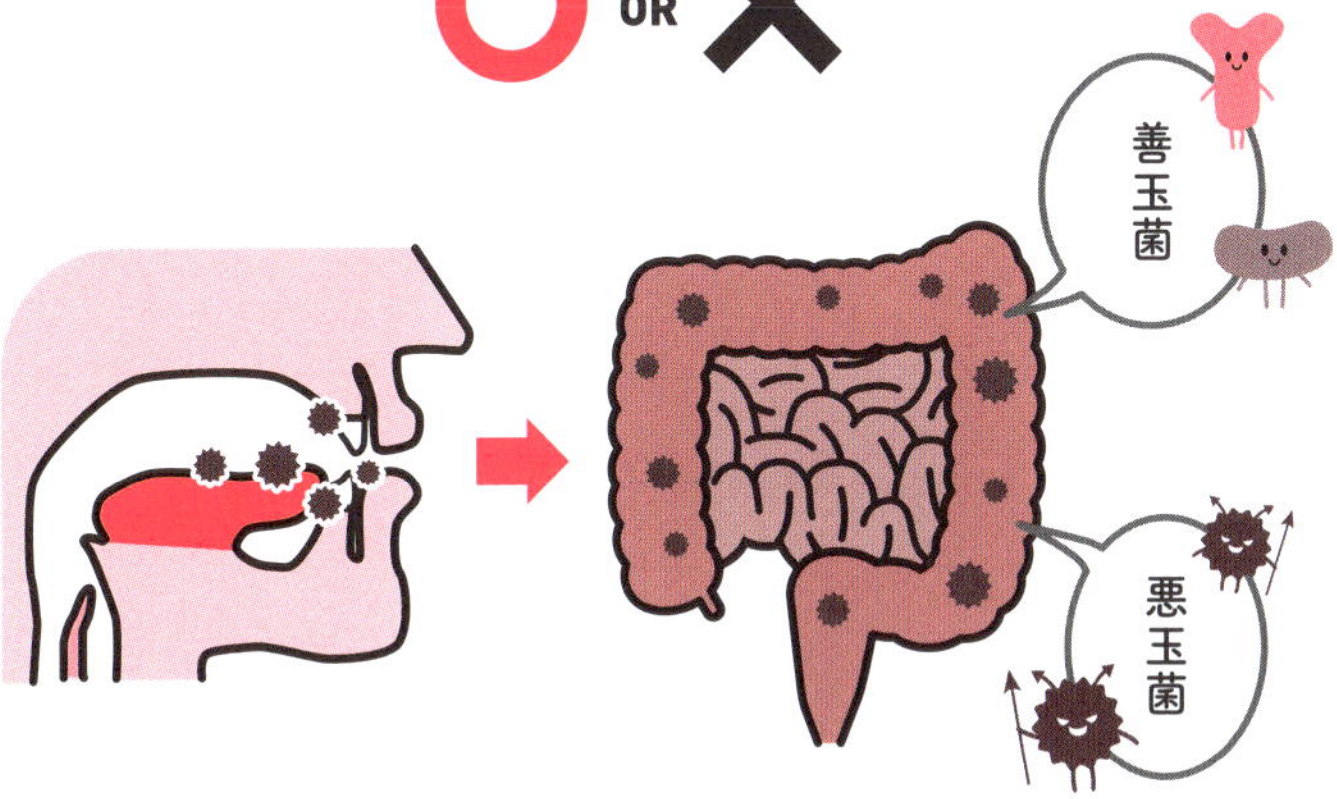

100兆個あるといわれる腸内に生息する細菌は、腸の蠕動《ぜんどう》運動、免疫のサポート、ビタミンの産生など、人間の健康と深い関係があります。この働きを乱すほど歯周病菌は、パワーを持つと思いますか?

KURIHARA's INSIGHTS

腸内細菌の種類はいろいろで大きく分けて善玉菌と日和見菌と悪玉菌がいます。口の細菌が悪玉菌優勢になるとどうなるでしょうか?

○ 口の細菌が腸内環境を悪くする

歯周病菌は腸内細菌のバランスを崩し
脂肪肝や糖尿病、肥満などを助長する

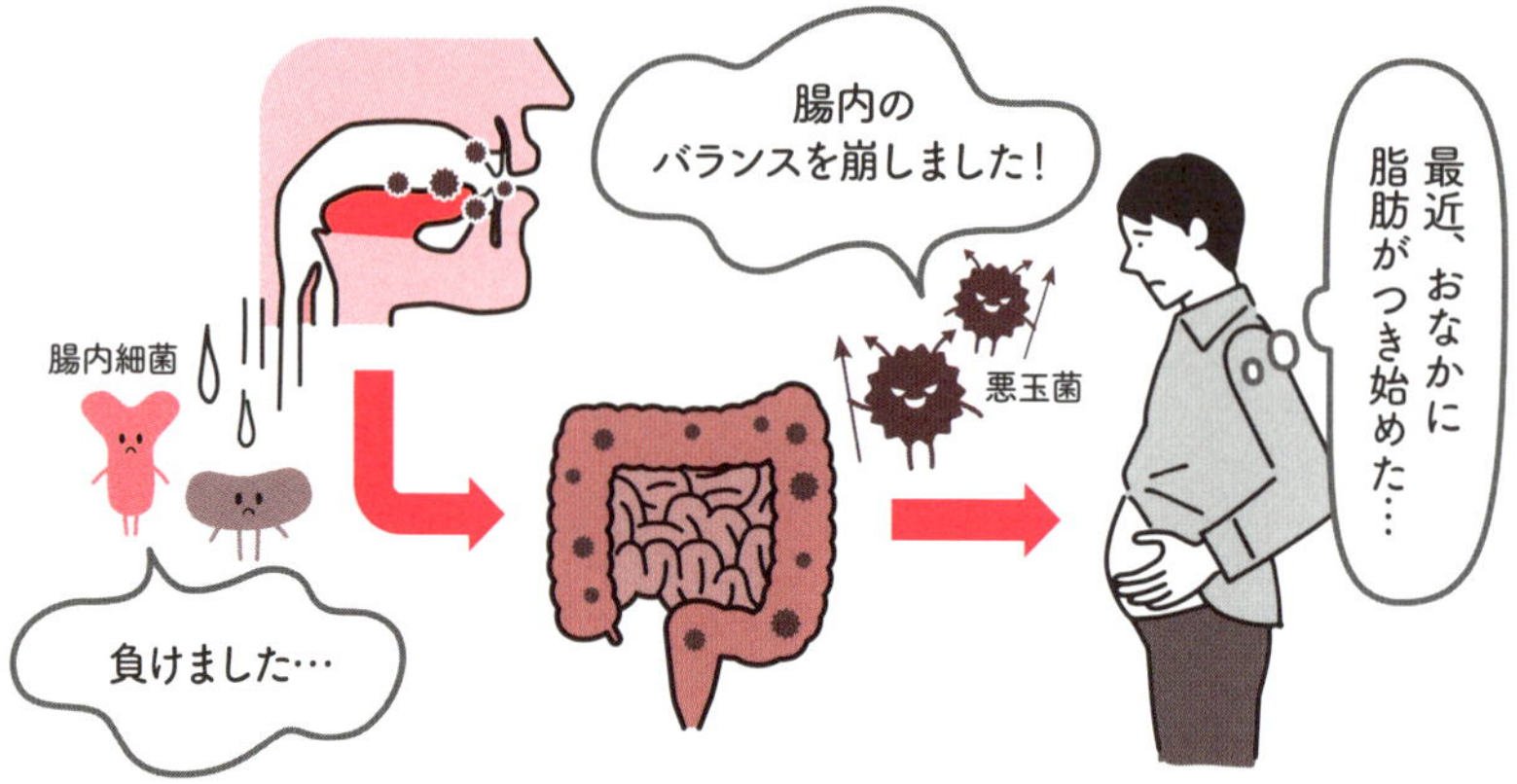

歯周病菌が腸まで届くと悪玉菌などが増えて、腸内細菌のバランスが崩れると報告されています。腸内環境は人間の健康と密接な関係があるため、腸内環境が乱れると脂肪肝や糖尿病、肥満などを助長し、がんや免疫に関わる病気のリスクも高くなるといわれています。また、体内時計（サーカディアンリズム）にも腸内細菌が関与することも明らかになっています。体内時計が乱れると睡眠の質が落ち、代謝も悪くなり、生活習慣病にもつながります。このように大切な腸内環境は、口の中で増殖した歯周病菌によって悪くなってしまうのです。注意しましょう。

in SUMMARY

歯周病菌は口の中だけでなく腸内環境も悪くします

QUESTION-14

歯周病の人は筋肉が減りやすい

体の中の余分な脂肪は
筋肉がエネルギーを消費することで減ります
その筋肉を減らす力を歯周病菌は持つと思いますか?

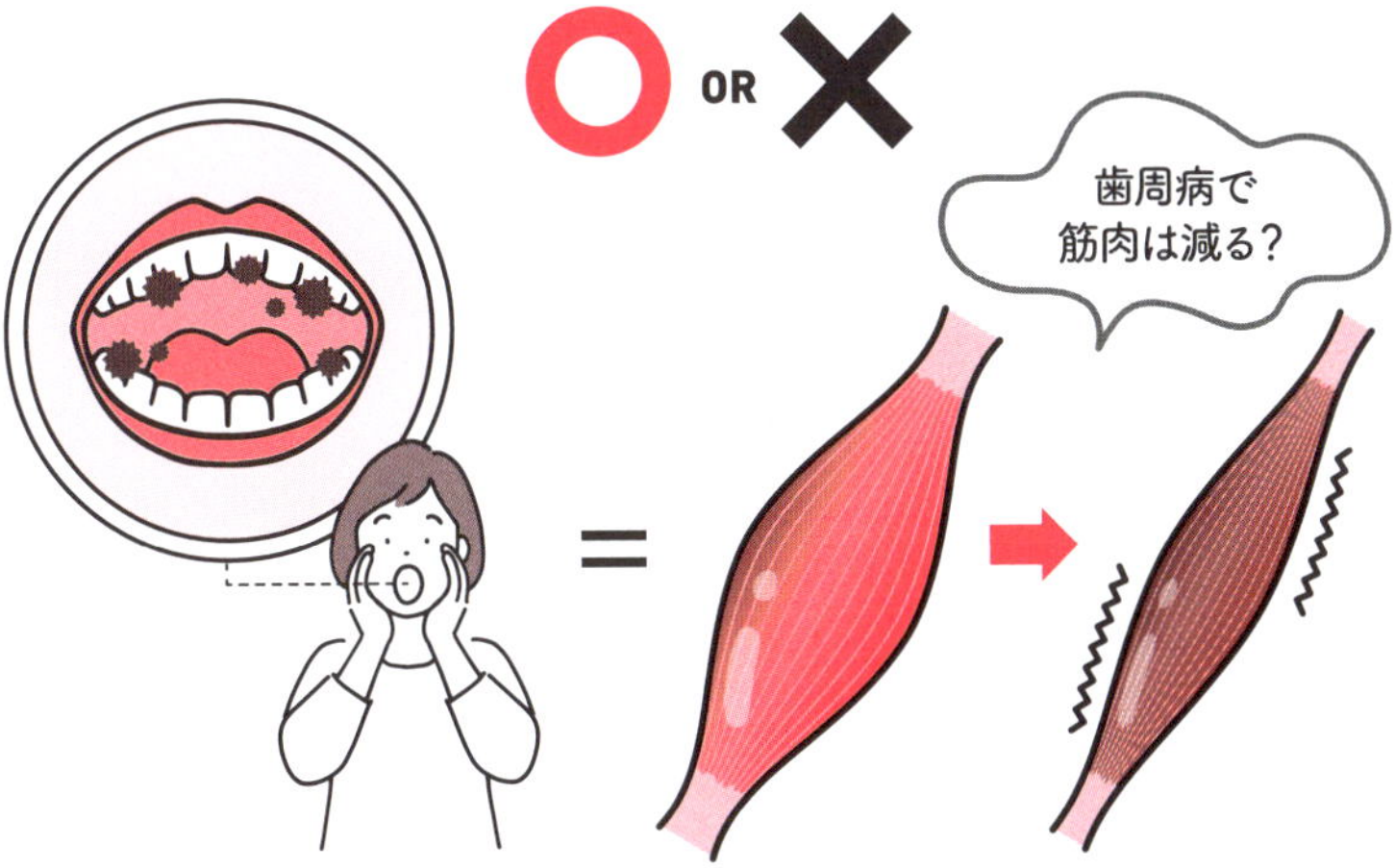

ジッとしていてもエネルギーを消費する基礎代謝は、筋肉量が多いと上がります。口の歯周病を放置していると、筋肉量が増えにくくなるのでしょうか? 口の細菌と筋肉の関係をご存じですか?

KURIHARA's INSIGHTS

歯周病菌は全身を巡って不健康を助長します。生活習慣病もそのひとつ。筋肉への悪影響も考えてみましょう

歯周病の人は筋肉が減りやすい

**歯周病菌が腸内環境を乱すと筋肉の代謝異常が起こり
筋肉の脂肪化が促されて減少することが報告されています**

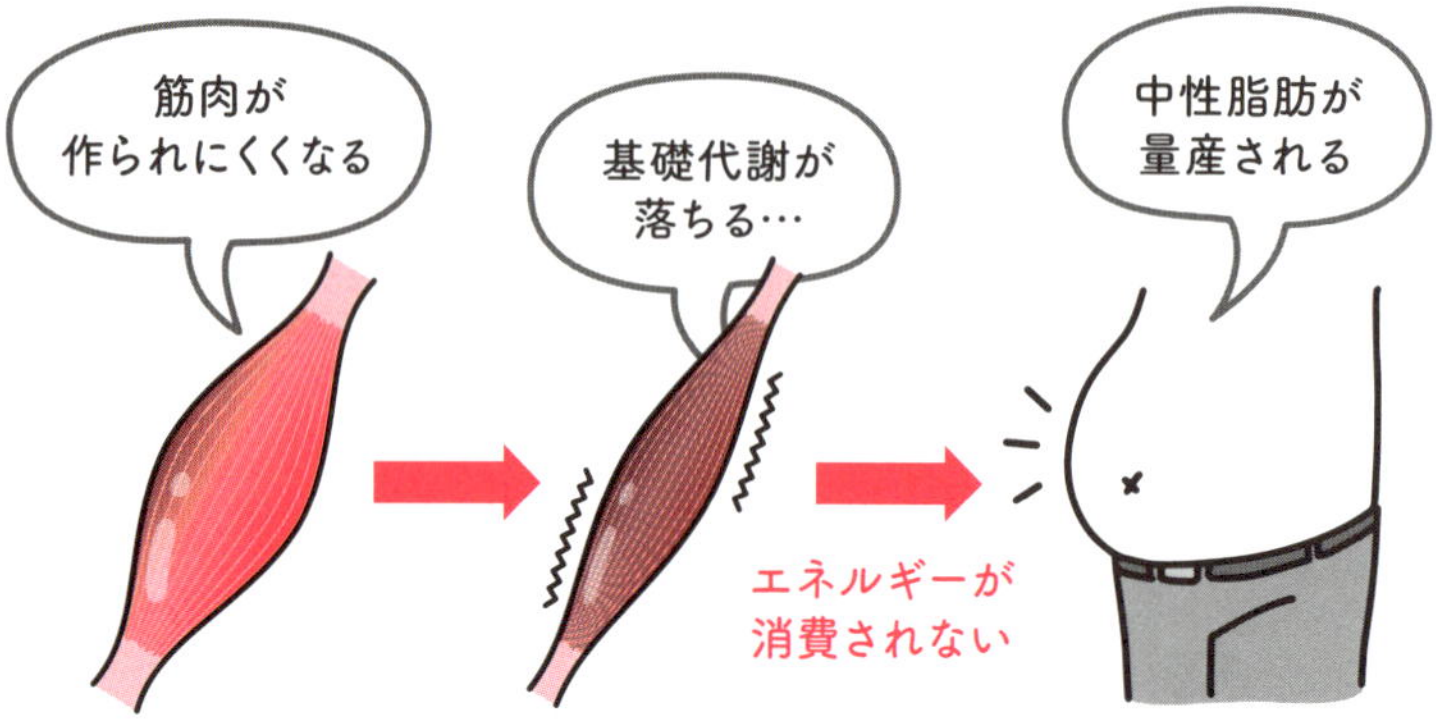
筋肉が
作られにくくなる
基礎代謝が
落ちる…
中性脂肪が
量産される
エネルギーが
消費されない

歯周病が腸内環境を乱すと、骨格筋が減って代謝が落ち、高血糖になりやすい

歯周病菌が腸に到達して腸内環境を乱すと、血糖値をコントロールするインスリン（ホルモンの一種）の働きをサポートする腸内細菌が減ると考えられているのです。細胞はインスリンを合図にエネルギー源のブドウ糖を取り込む仕組みがあるため、インスリンの働きが悪くなると筋肉の細胞はエネルギー不足に陥り、使われずに余ったブドウ糖は中性脂肪になって筋肉に蓄積されます。エネルギー不足と中性脂肪の蓄積で、筋肉量が減少するのです。筋肉量が減ると基礎代謝が落ちて痩せにくい体になります。つまり、歯周病菌が腸内環境を乱すと、筋肉量が減ることにもつながるのです。

in SUMMARY

筋肉量を増やすならば歯周病の改善と予防は不可欠

QUESTION-15

歯周病の人は脂肪肝になりやすい

脂肪肝は肝臓に余分な中性脂肪が蓄積され
機能が落ちた状態です
歯周病は肝臓にも悪影響を及ぼすと思いますか？

○ OR ×

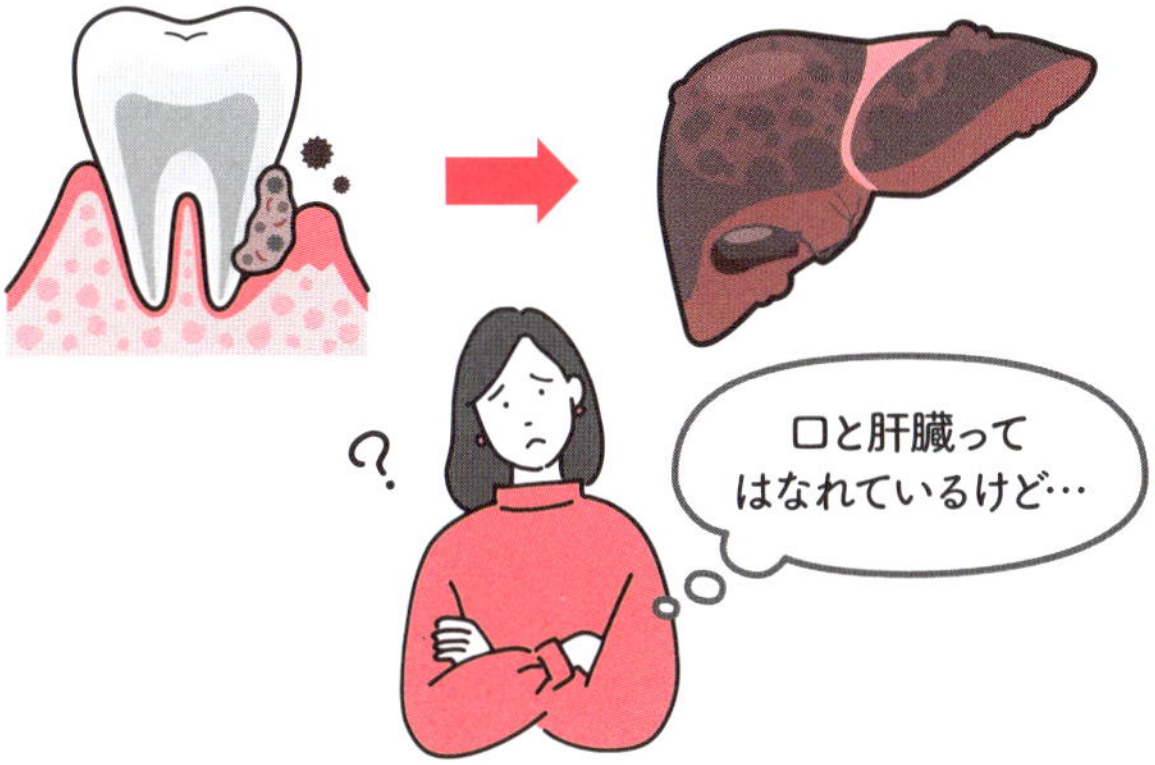

口で生まれた歯周病菌が、肝臓にまで影響を及ぼすことは果たしてあるのでしょうか？　歯周病はとても強力なので、到達すれば悪影響を与える可能性はありそうですが……。

KURIHARA's INSIGHTS

歯周病菌は歯ぐきに炎症を起こします。歯の土台の骨を溶かすほど強力な武器を持っています。答えはわかりますね

ANSWER-15

○ 歯周病の人は脂肪肝になりやすい

**歯周病菌が食べ物と一緒に腸に到達し、
腸内細菌のバランスを乱すことで
脂肪肝を引き起こします**

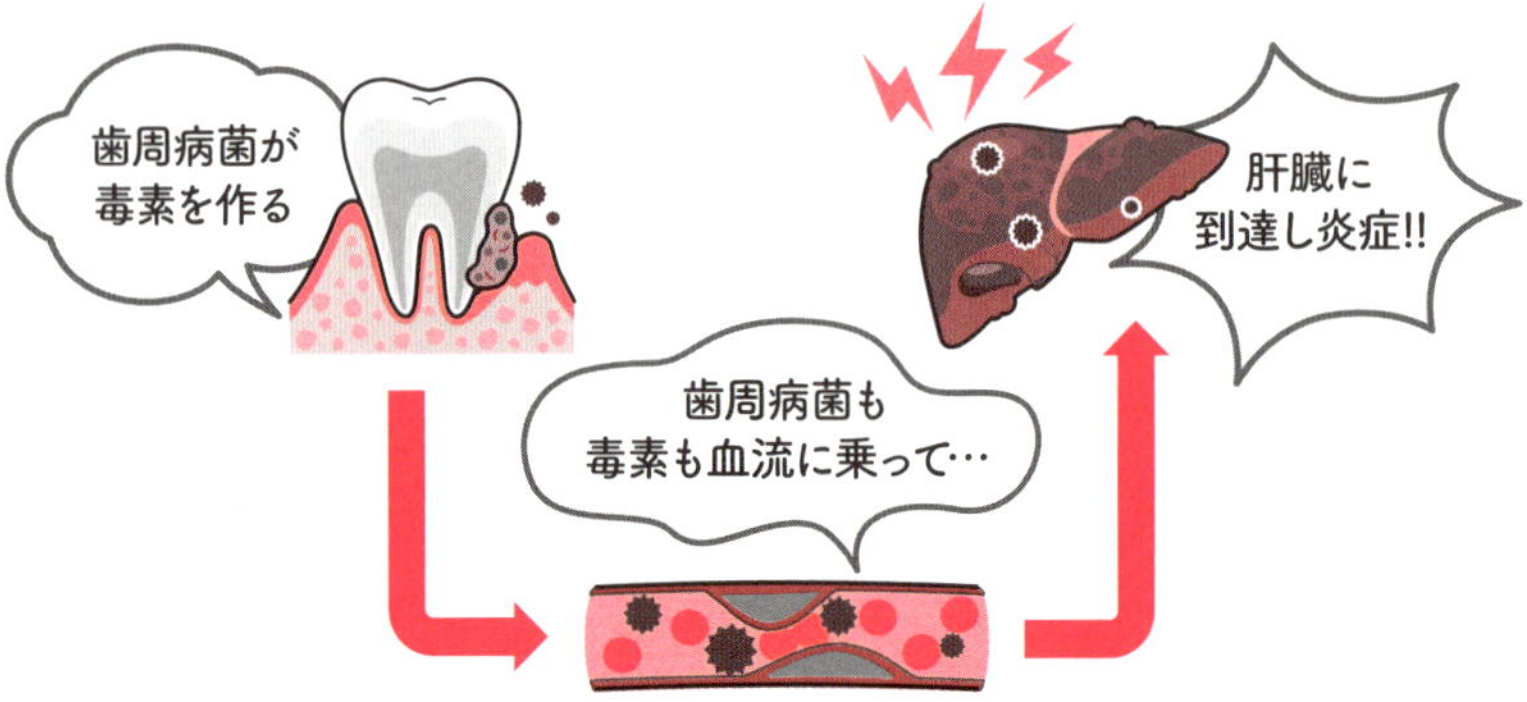

口の細菌が肝臓に炎症を起こす

歯周病菌は食べ物と一緒に胃を通り越して腸に到達します（Ｐ40）。腸内細菌のバランスを乱すことで肝臓の機能に悪影響を及ぼすのです。肝機能が低下することで脂肪がたまりやすくなり、脂肪肝につながる可能性が報告されています。

　脂肪肝はお酒の飲み過ぎが原因と思われがちですが、実は、糖質のとり過ぎによることが多いのです。それに加えて、歯周病も原因のひとつなのではないかと考えられています。そのため、アルコールを飲まない脂肪肝の人は歯周病治療をきちんとすると、改善する可能性があります。

in SUMMARY

歯周病は肝臓の機能低下と脂肪肝を招く

QUESTION-16

口の細菌と動脈硬化は全く関係ない

心筋梗塞や脳卒中を引き起こす動脈硬化は
生活習慣病が原因といわれます
口の細菌と関係があると思いますか？

○ OR ×

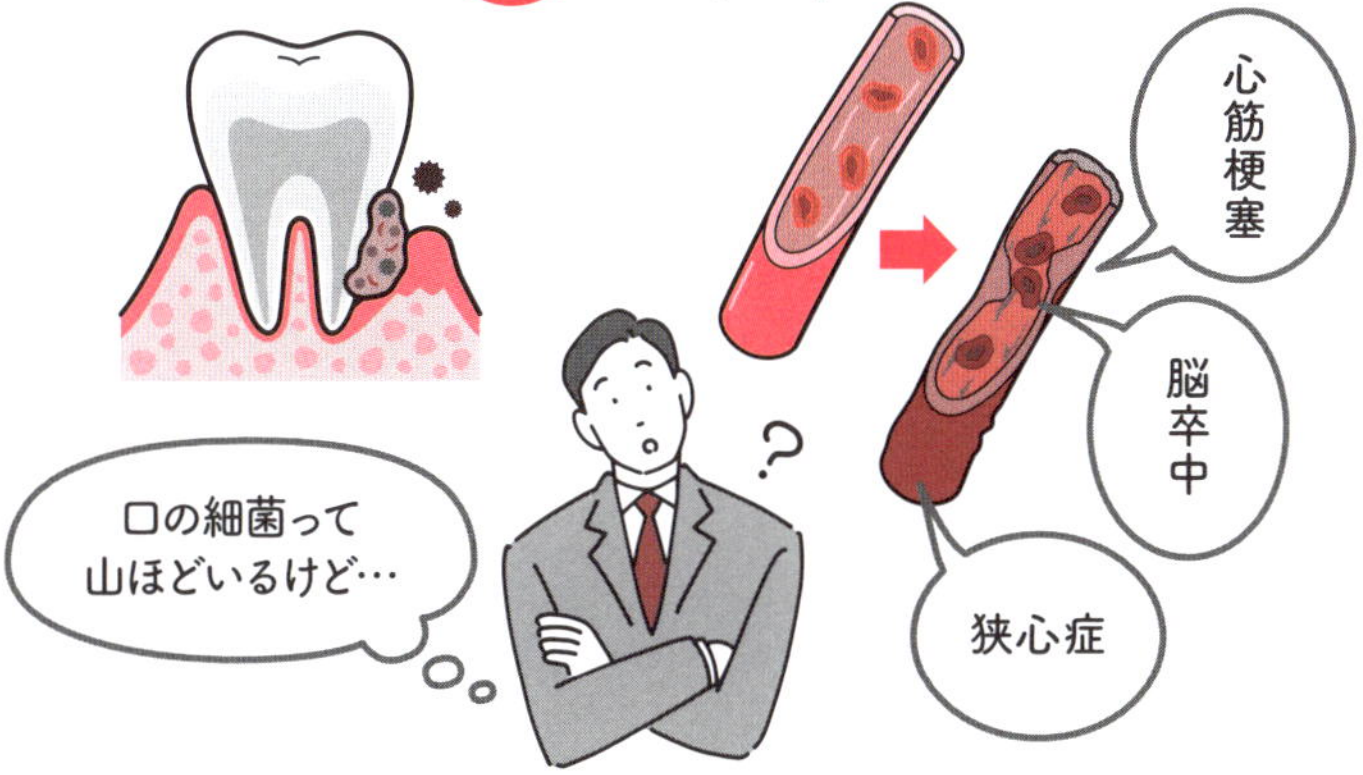

血管の柔軟性が失われ変性した動脈硬化は、血栓が生じて血管を詰まらせたり、血管の壁が破れて大出血につながったりもします。口の細菌は歯周ポケットの毛細血管から血液に入り込むことができます。

KURIHARA's INSIGHTS

口の細菌のひとつ歯周病菌は炎症を起こします。動脈硬化に炎症が関与するかどうかが、答えのカギを握ります

✕ 口の細菌と動脈硬化は関係あり

**血管内に侵入した歯周病菌やその毒素で
血管壁に炎症が起こります
炎症を引き金に血管が変性するのです**

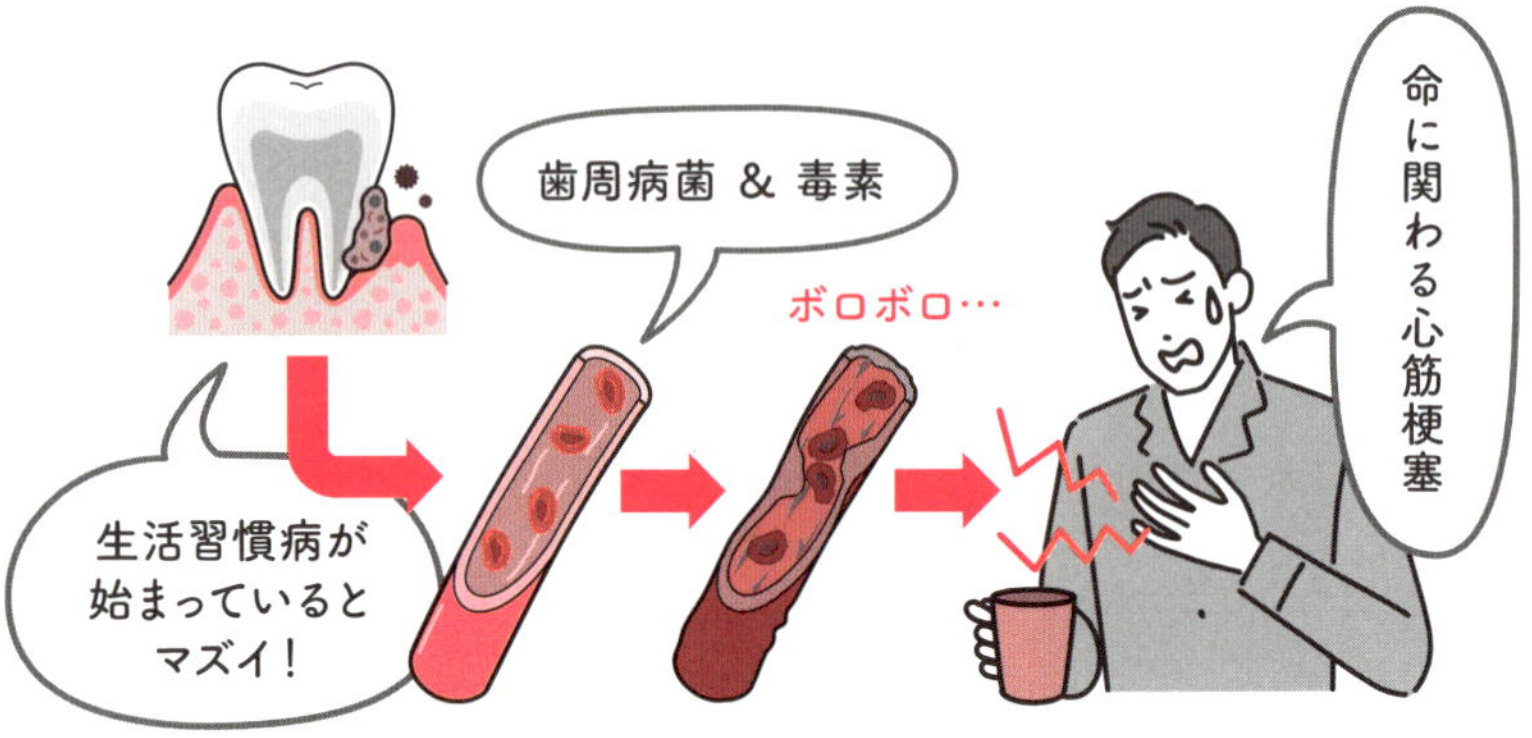

口の細菌が血管に入ると、炎症を起こして動脈硬化を促す

動脈硬化は、動脈の内側の壁の中にコレステロールなどがたまり、石灰化が起きたりして血管が厚く、硬くなった状態ですが、最近、これに加えて歯周病菌も動脈硬化を悪化させることがわかってきました。歯周病菌やその毒素が血管に侵入すると、排除しようとする免疫の働きで炎症が起こります。すると血管壁が傷つき、その壁の内側に免疫細胞の死骸などがたまり、血管を変性させて動脈硬化を促進させてしまうのです。それにより、心筋梗塞や脳梗塞を招いてしまいます。従来、いわれていた肥満や糖尿病、高血圧、脂質異常症のみならず、歯周病菌も動脈硬化を助長しているのです。

in SUMMARY

歯周病は動脈硬化を促し心筋梗塞などのリスクを上げる

QUESTION-17

誤《ご》嚥《えん》性肺炎は歯周病菌でも起こる

**食べ物などと一緒に気管から細菌が入って
増殖することで誤嚥性肺炎は起こります
喉には気管の入口がありますね**

〇 OR ✕

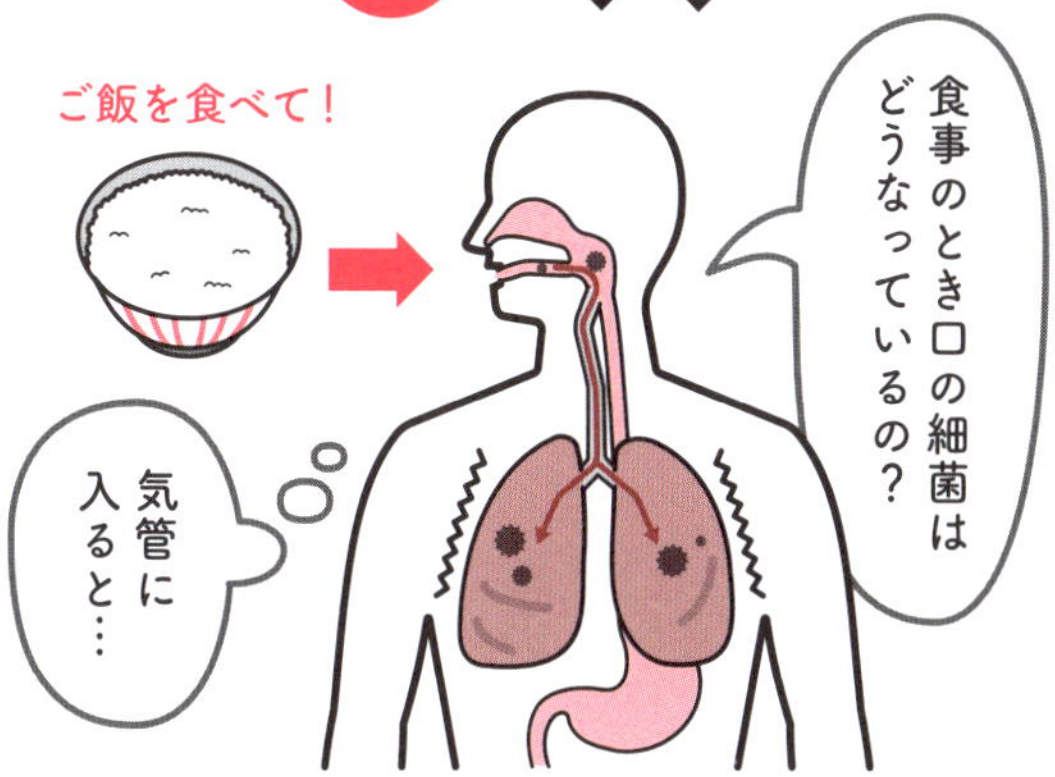
ご飯を食べて！
食事のとき口の細菌はどうなっているの？
気管に入ると…

食べ物は口から喉を通って食道に向かいます。食べ物が通っているときに気管は閉じられていますが、話しながら食事をするとむせることがあるでしょう。このとき歯周病菌は？

KURIHARA's INSIGHTS

食べ物などと一緒に歯周病菌が肺に到達したらどうなると思いますか？ 答えはもうおわかりですね

ANSWER-17

○ 誤嚥性肺炎は歯周病菌でも起こる

**誤嚥性肺炎の最大の原因は口の中の細菌です
中でも歯周病菌は誤嚥性肺炎患者の
肺の中で高確率で見られます**

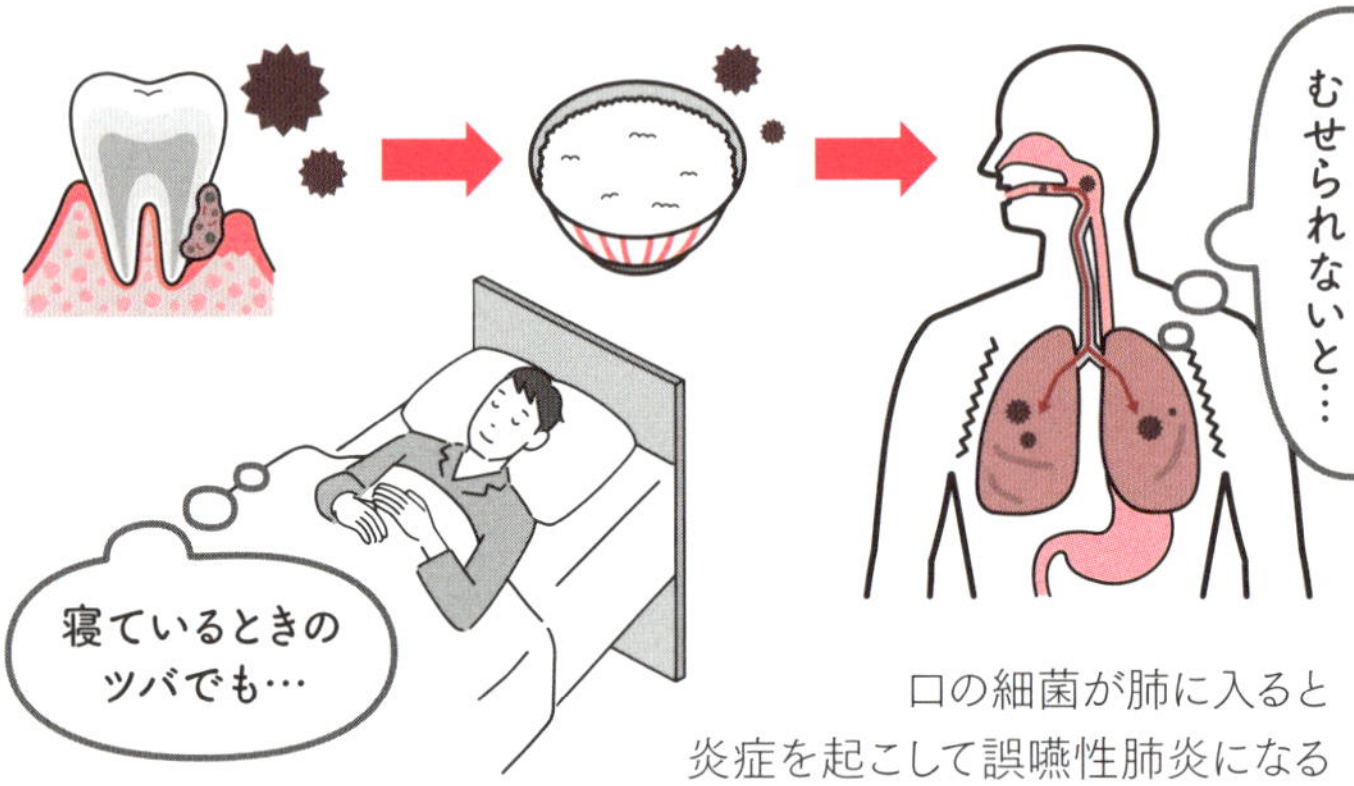
上手くむせられないと…

口の細菌が肺に入ると
炎症を起こして誤嚥性肺炎になる

肺炎は文字どおり肺に炎症を起こす病気で、国内では年間７万４０００人以上の命を奪っています。細菌やウイルスなどによる肺炎以外に、食べ物と一緒に歯周病菌などの口の細菌が肺に侵入することでも起こります。それが誤嚥性肺炎です。高齢になると食事中の気管を塞ぐ機能が低下し、気管に入った異物を咳などで出す力も弱くなることで、口の細菌による誤嚥性肺炎を起こしやすいといわれています。また、寝ている間に飲み込んだ唾液に、歯周病菌などが含まれていることで、誤嚥性肺炎につながることもあります。歯周病を放置するのは命の危険につながるのです。

in SUMMARY

歯周病菌は怖い誤嚥性肺炎も引き起こします

QUESTION-18

認知症は
口の細菌と無関係

脳と口はつながっていると思いますか？
脳に口の中の細菌は侵入できるのでしょうか？
脳を働かせて考えてみましょう！

〇 OR ×

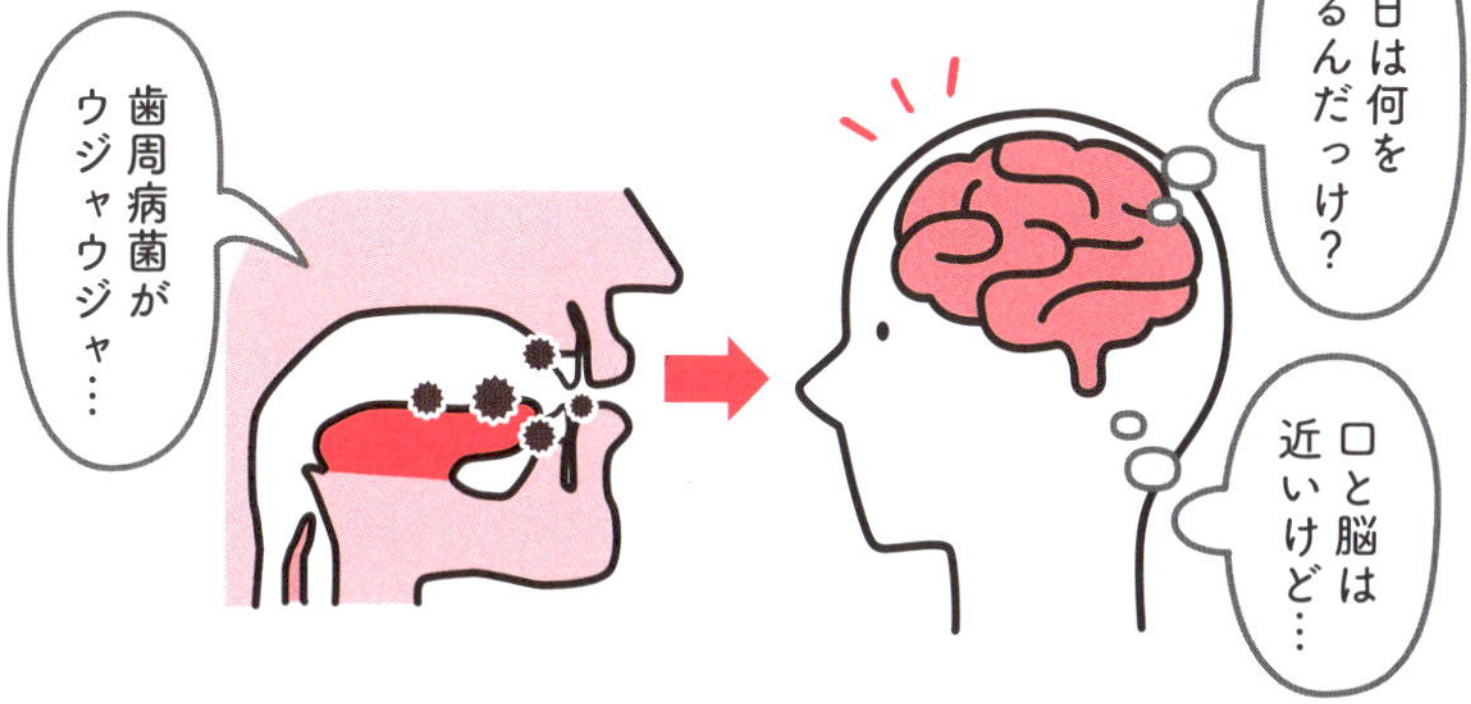
今日は何を
するんだっけ？

認知症を引き起こす病気には種類があり、代表的なのがアルツハイマー病です。特殊なタンパク質がたまって神経細胞が死滅して脳が萎縮します。口の細菌は関係すると思いますか？

KURIHARA's INSIGHTS

**口の中の細菌が脳に入り込む手段は……。
やはり、赤い色のあの通り道、血管しかありませんよね。
となると、細菌も毒も脳へ？**

✕ 認知症は口の細菌とも関係している

**歯周病菌が作り出す毒素によって
アルツハイマー病の脳の萎縮に関係する
特殊なタンパク質が増えると報告されています**

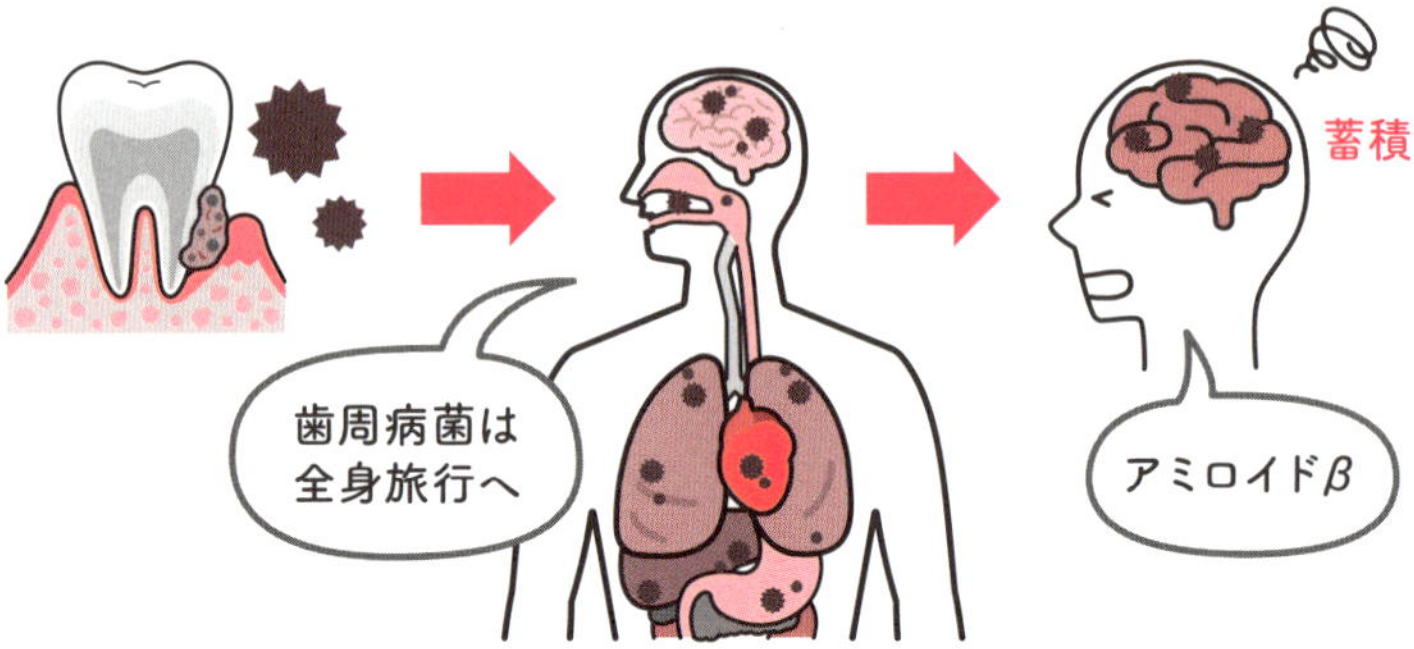

歯周病菌が全身を巡るとアミロイドβが脳へ運ばれ
アルツハイマー型認知症のリスクが上がる

歯周病菌やその毒素が血液中に入り込み、全身を巡るようになると脳にも悪影響を及ぼす可能性があります。

認知症の一種・アルツハイマー病では、脳にアミロイドβというタンパク質が長い年月をかけて蓄積されます。歯周病菌が血液に乗って全身を巡ると、脳以外でもアミロイドβが作られるようになり、同時に、脳にはアミロイドβの受け皿が増えます。結果として、全身で作られたアミロイドβが脳に集まるようになると報告されています。

口のケアを怠って歯周病を放置していると、将来の認知症のリスクが上がる可能性があるのです。

in SUMMARY

歯周病菌が全身を巡ると認知症のリスクが上がる

QUESTION-19

口の衛生環境は胃がんとも関係している

胃がんの最大原因は
胃の中に生息するピロリ菌が引き起こす炎症です
では、歯周病菌はどうでしょうか？

○ OR ×

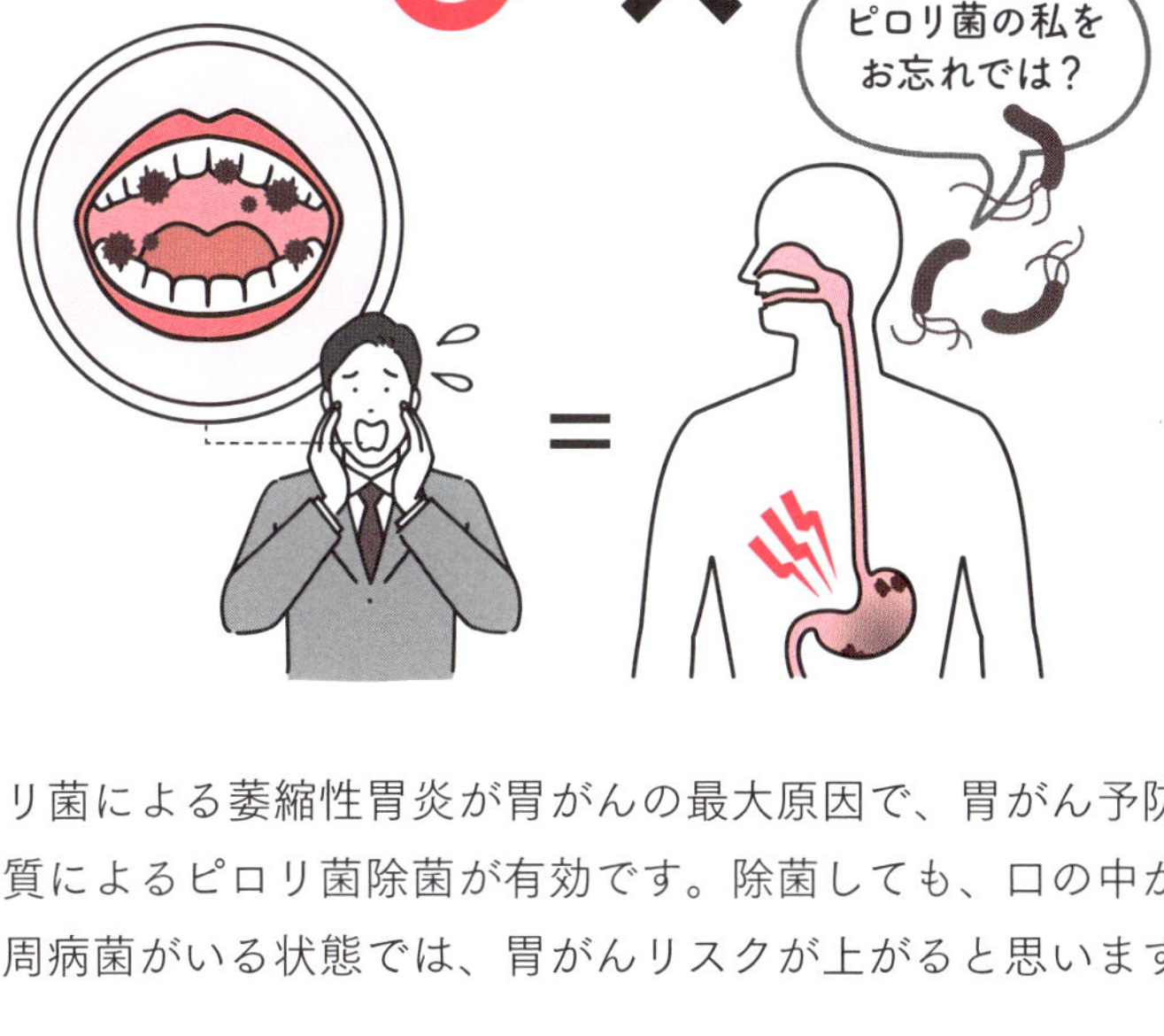

ピロリ菌による萎縮性胃炎が胃がんの最大原因で、胃がん予防には抗生物質によるピロリ菌除菌が有効です。除菌しても、口の中が不衛生で歯周病菌がいる状態では、胃がんリスクが上がると思いますか？

KURIHARA's INSIGHTS

口と食道・胃は、つながっています。
歯周病菌は炎症を起こし、毒素も出す細菌です

○ 口の衛生環境は胃がんとも関係している

**海外の疫学研究で、歯周病の人は胃がんのリスクが上昇すると報告されています
食道がんのリスクも上がります**

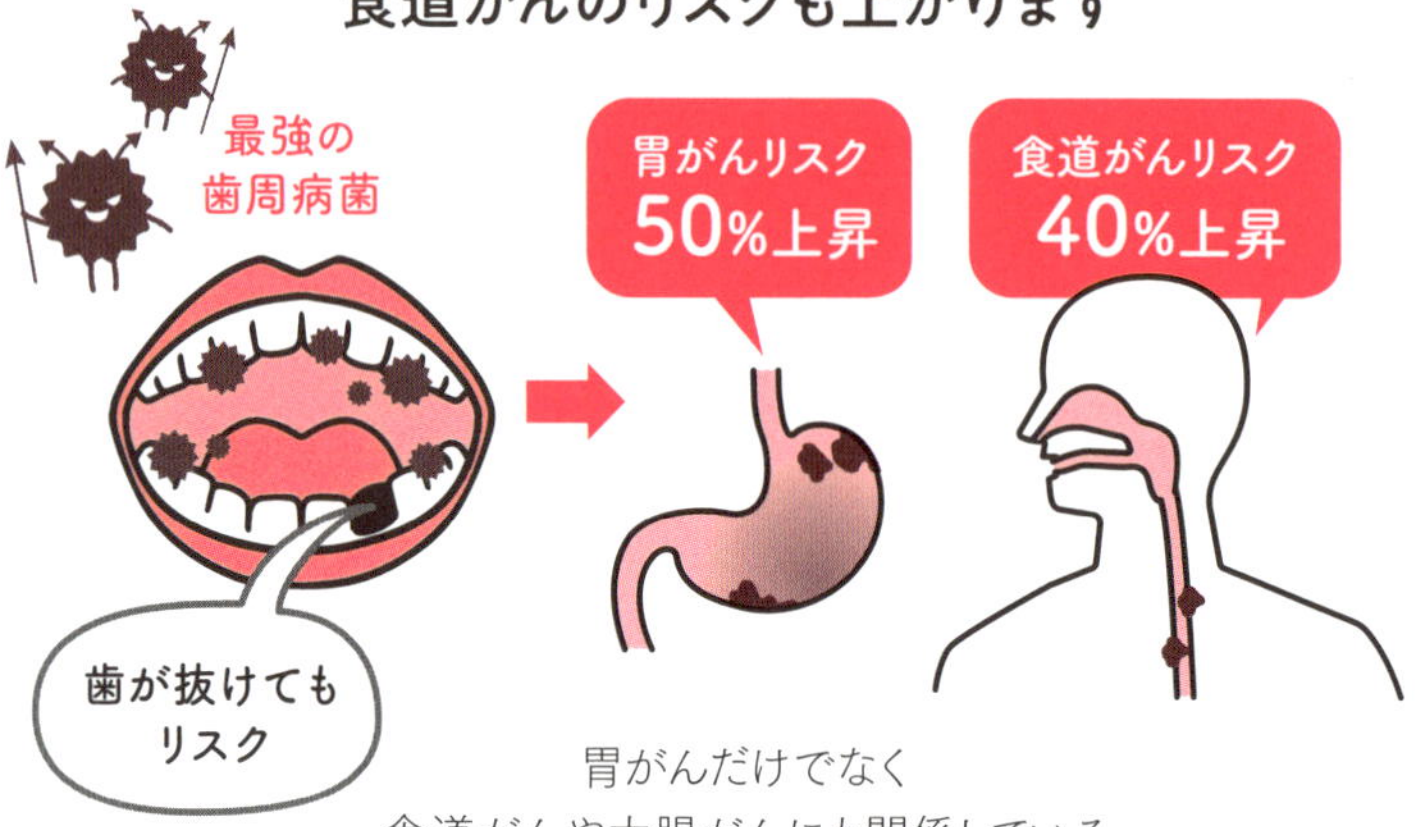

胃がんだけでなく
食道がんや大腸がんにも関係している

米国の疫学研究で、歯周病と抜歯がある人について、胃がんと食道がんの発症リスクを調べた結果、歯周病の人は胃がんのリスクが約50％、食道がんのリスクが約40％上がることがわかりました。歯を2本以上失った人は、胃がんのリスクが約30％、食道がんのリスクは約40％上がっていました。どういうメカニズムで胃がんや食道がんが発生するか、詳しいことはわかっていません。しかし、口の衛生環境の悪さは、それだけで、胃がんや食道がんのリスクを上げることが示されたのです。逆に口の衛生環境を整えれば、胃がんや食道がんのリスクの低減につながる可能性があります。

in SUMMARY

口の衛生環境を整えてがん予防にも役立てましょう

QUESTION-20

歯が痛くなければ歯科に行く必要はない

虫歯でもなく、歯ぐきから血が出ているわけでもないのに
わざわざ歯科へ行きますか？
その必要性を考えましょう

〇 OR ✕

発熱や腹痛などの症状がないのに内科は受診しないでしょう。歯が痛みもしないから歯科へは行かない……。歯科へは何年前に行ったか覚えていない……。この状況が正しいと思いますか？

KURIHARA's INSIGHTS

歯周病に自覚症状があると思いますか？
知らぬ間に進行して、歯がグラグラし始めたらどうでしょうか

✕ 歯が痛くなくても歯科に行って定期検診

**歯と歯ぐきの間のプラークは
ハミガキだけでは取れません
虫歯も初期段階は痛みがない状態で歯を侵食します**

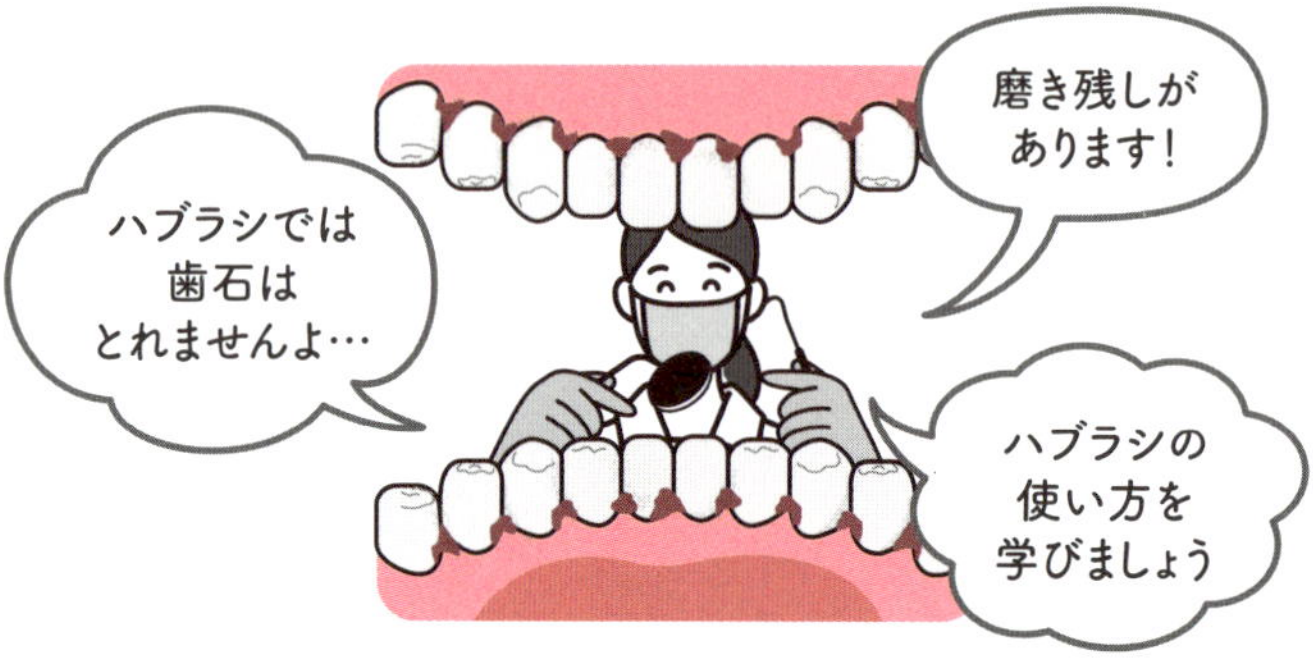

歯と歯ぐきの汚れはハミガキだけでは取れない

食後に毎日ハミガキをしていても、歯と歯ぐきの間には知らぬ間にプラーク（歯垢）がたまります。その状態が続くと、プラークにカルシウムなどがついて石のように硬くなり歯石に変化します。歯石はハミガキで除去できないので、歯科医院に行く必要があるのです。歯石を放置していると、虫歯や歯周病を招きます。ただし、初期段階ではいずれも無症状です。虫歯で歯が痛い、歯周病で歯ぐきから血が出ているといった自覚症状が出たときには、どちらも進行した状態といえます。そうなる前に、定期的に歯科検診を受けることが、口の健康を守るために大切なのです。

in SUMMARY

虫歯がなくても定期的な歯科検診は不可欠

QUESTION-21

舌磨きも大切だ

**虫歯菌や歯周病菌は、歯や歯ぐきだけにいるのでしょうか？
口の中の衛生のために、舌磨きは重要だと思いますか？**

○ OR ×

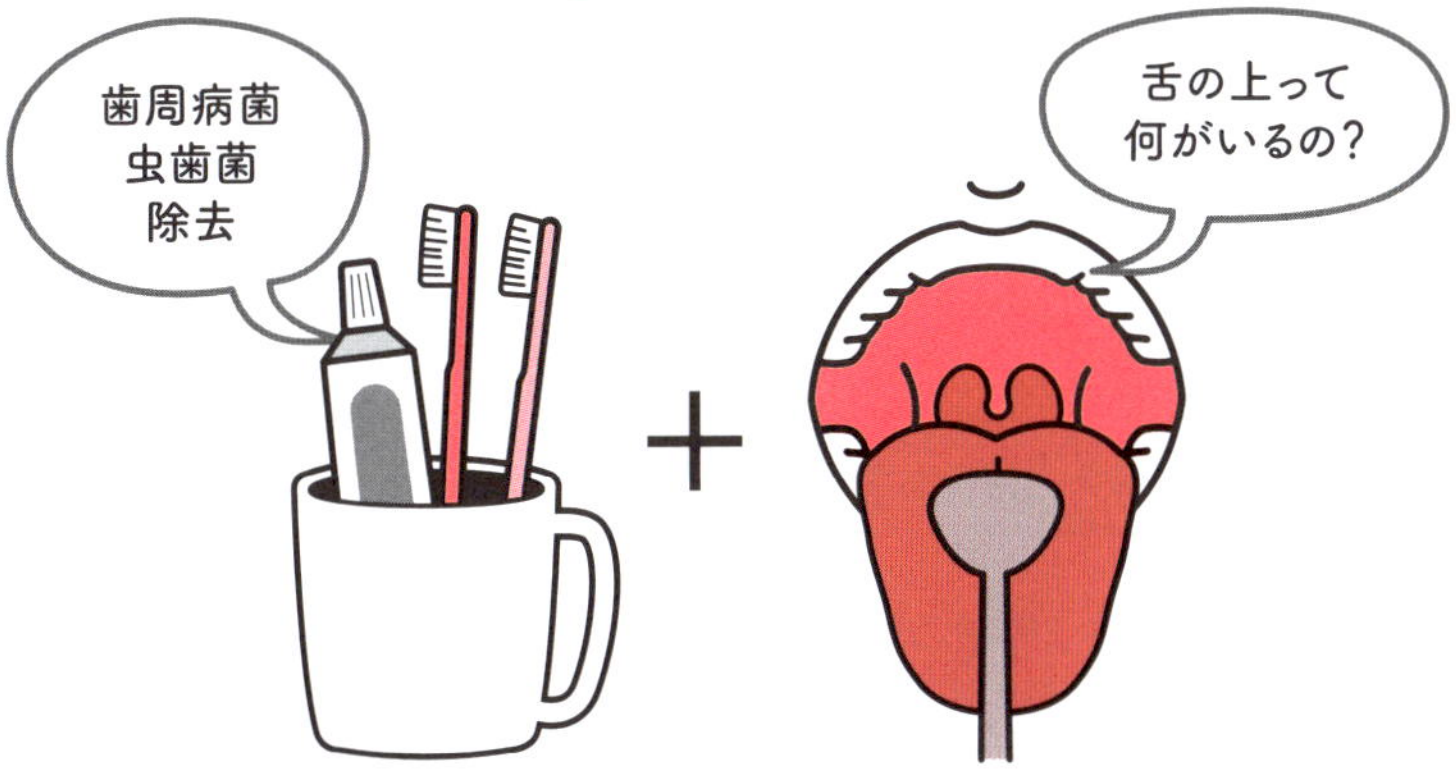

毎日ハミガキはしても、舌磨きはしていないという人は多いでしょう。鏡で舌を見ても異変がなければ、舌磨きの必要性は感じないですね。それが正しいかどうか考えてみてください。

KURIHARA's INSIGHTS

口を開けたときに舌は大きいし存在感があるでしょう。ということは、何かの受け皿にもなる可能性がありますね

○ 舌磨きも大切だ

**舌の上は細かい突起状の組織がズラリ
酸素嫌いの歯周病菌にとって突起と突起の間は
居心地のよい場所になります**

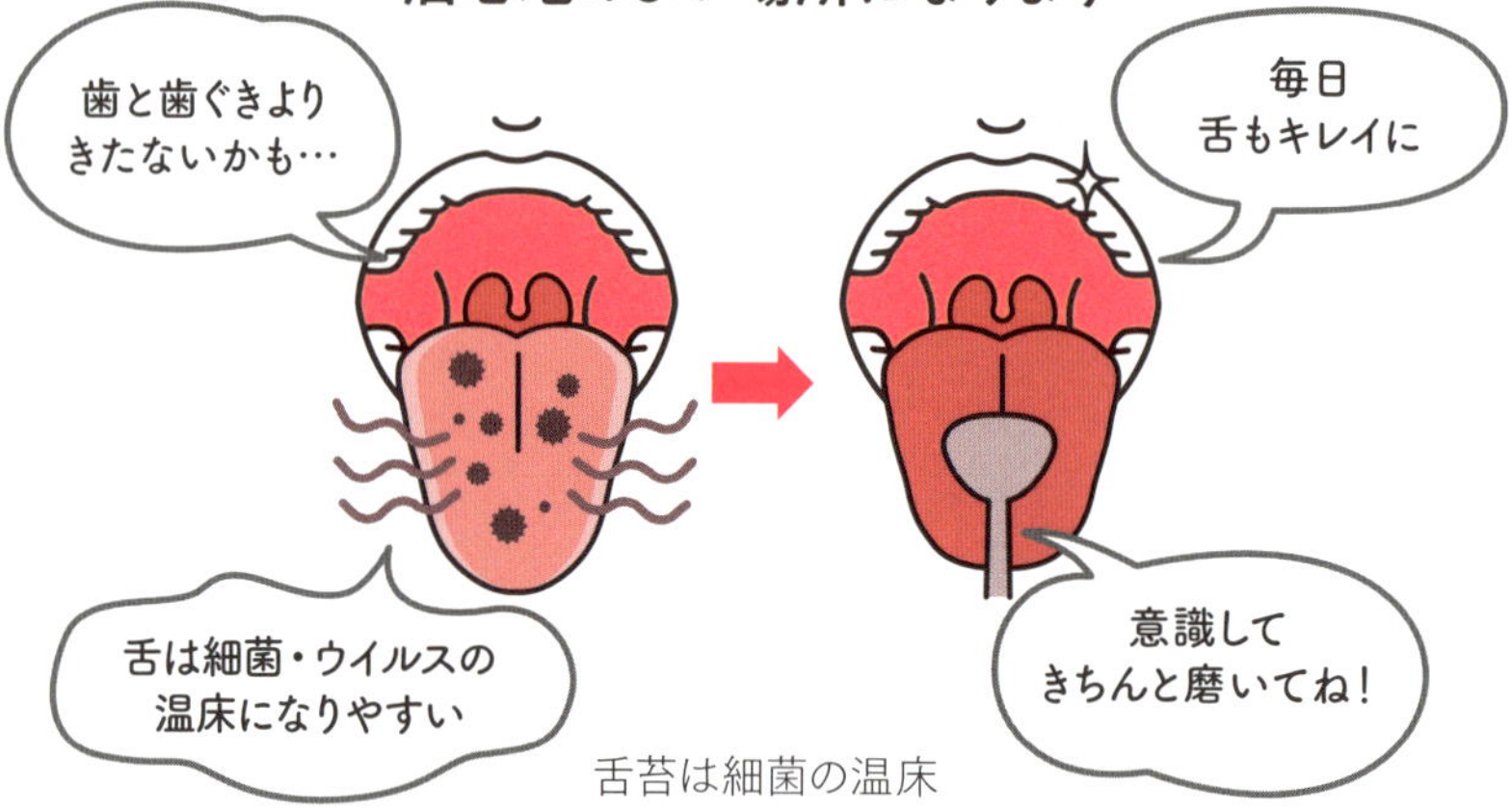

舌苔は細菌の温床

舌の上は粘膜の突起（舌乳頭）で覆われています。長い毛の絨毯《じゅうたん》のような状態で食べ物などをキャッチし、味蕾《みらい》と呼ばれるセンサーで味を感じます。感覚器として優れた役割を果たす舌ですが、溝に細菌やゴミもたまりやすく、口の中の衛生環境が悪い状態では、細菌が繁殖した舌苔が生じます。舌苔は口臭につながり、舌苔の細菌が唾液を汚し、歯に付着すると歯周病に、舌苔の細菌が肺へ侵入すると誤嚥性肺炎にもなります。口の衛生環境を考えたときには、ハミガキに加えて舌磨きも重要といえるのです。その方法はP72を参考にしてください。

in SUMMARY

舌の汚れを放置すると口の衛生環境は悪化します

PART-02 まとめ

口をキレイにすると病気にもならない！

◎口の中の細菌数は肛門よりも多い

◎オーラルフレイルは30代から始まっている

◎歯周病菌は口の中にとどまらず全身を巡る

◎口の細菌が腸内環境を悪くする

◎歯周病の人は脂肪肝になりやすく、筋肉も減る

◎誤嚥性肺炎や動脈硬化は歯周病菌でも起こる

◎認知症は口の細菌と関係している

◎口の衛生環境は胃がんと関係している

◎歯が痛くなくても定期的な歯科検診が重要

◎舌磨きも大切だ

毎日ハミガキをしていても、知らぬ間に口の衛生環境は悪化します。そのまま放置して虫歯や歯周病が進むと、歯が抜けるといった口の異常事態に加え、太りやすく痩せにくい体の状態につながります。加えて、肺炎、胃がん、認知症など、体に大きなダメージを与える病気のリスクも上げるのです。

COLUMN-02

毅

脂肪肝と糖尿病、歯周病は密接な関係にあります

丈徳

血液に乗って全身を巡る歯周病菌は、高血糖を招き、肝臓に脂肪をためやすくします

毅

肥満を解消するときには、食事の見直しや運動習慣の維持に加えて、ぜひ定期的に歯科検診に通っていただきたいですね

丈徳

歯科で定期的にメンテナンスを受けている人は、まだそれほど多くはありません

毅

口は体の入口ともいうべき重要なところです。もっと大事にしていただきたいと思います

丈徳

無症状でも口に細菌がたくさん生息していることに、気づいていない人がまだ多いのではないでしょうか

SLIM DOWN NATURALLY
with 'ORAL BEAUTY' PRACTICES

PART-03
自然に
痩せ体質になる
「おくち美化」習慣

自己流のハミガキでは口の環境を整えるのは無理です。口の衛生環境が悪いとちょっと食べただけでも太るようなことが起こります。それを避けるには、口の中を正しくキレイにすることが大切。この章では習慣にすると体質も変わる口の整え方をご紹介します。

LECTURE-01

正しいハミガキ法①

就寝中に口の悪玉菌は増殖！しっかり取り除きましょう

朝の起床後すぐに口をしっかりキレイにする

起床直後の口の中は悪玉菌がうじゃうじゃ状態
口をしっかりキレイにしてから朝をスタート

5分間
しっかりみがいて
キレイにしてから
朝食
5
min
朝の目覚めは
よくても
口の中は汚れて…

寝ているときには唾液の分泌量が減り、歯周病や虫歯などの悪玉菌が繁殖しやすく、朝起きたときの口の中には、たくさんの細菌が繁殖しています。ネバネバしたり口臭を感じたときには、口の状態が最悪のサイン。その状態で水を飲んだり朝食を食べたりすると、悪玉菌が食べ物などと一緒に腸に到達して腸内細菌に悪影響を及ぼし、脂肪肝や糖尿病、肥満につながります。朝起きた直後に、5分程度時間をかけるつもりでしっかりとしたハミガキを習慣化してください。そして朝食後は軽めのハミガキで口の衛生を保つようにしましょう。力を入れて磨くと歯の表面を傷つけるのでご注意を。

夕食後は軽めのハミガキ、寝る直前にしっかりと

寝ているときに歯周病菌や虫歯菌などは増殖します
口の中をキレイにして眠ることで予防しましょう

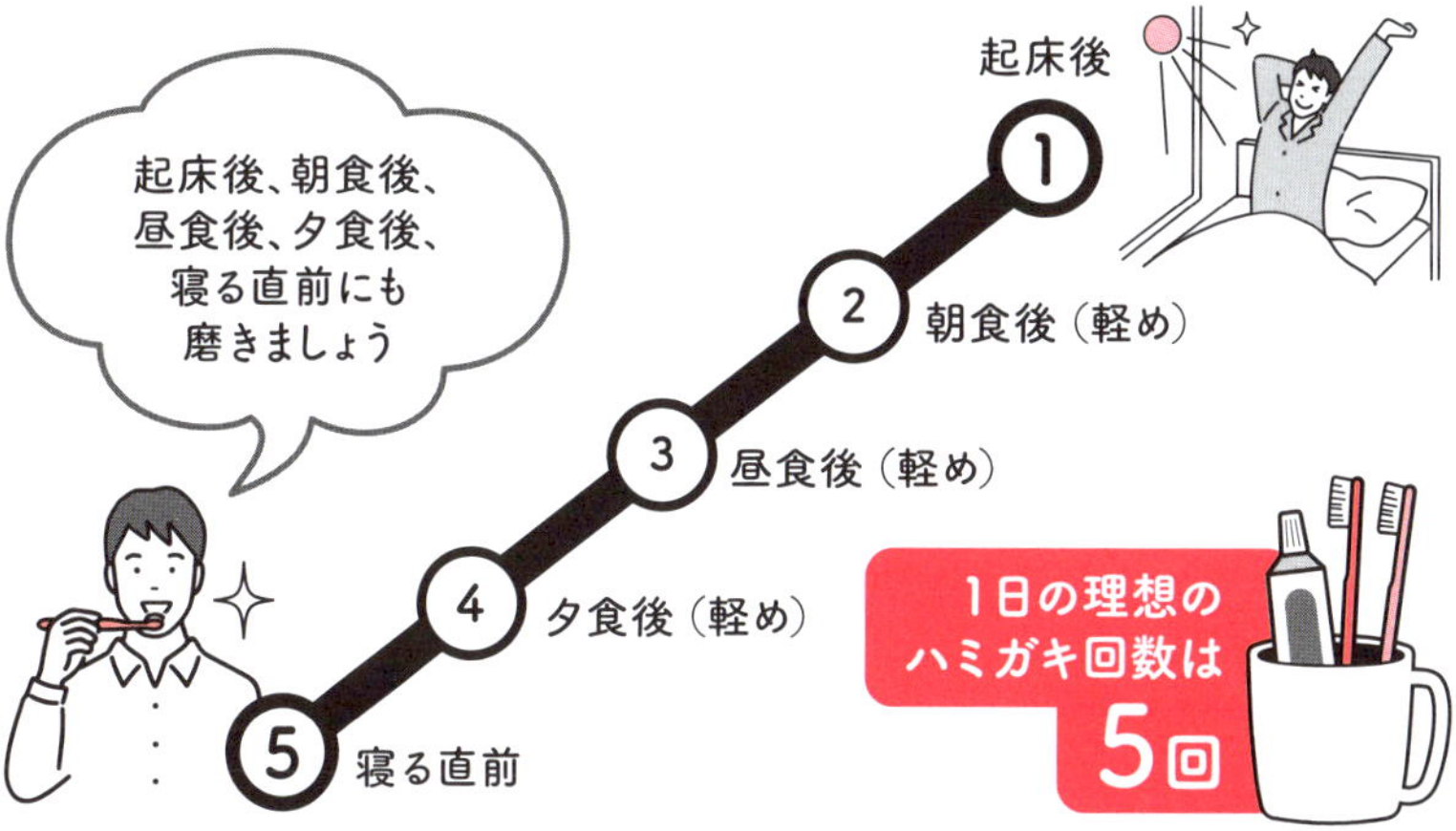

就寝中に歯周病菌や虫歯菌などの悪玉菌が増えるため、就寝直前と起床直後にしっかりハミガキをすることが理想です。また、夕食を食べてから就寝までの時間に開きがあると、その間は悪玉菌の増殖を抑えられない可能性があります。夕食後に軽くハミガキをして就寝直前にしっかり磨くようにしましょう。

外出していると昼食後のハミガキをしづらいことがあります。施設によっては新型コロナ対策でトイレでのハミガキを禁止しています。日中は唾液によって口の衛生環境は整えられるので、昼食後に虫歯予防のキシリトール成分の入ったガムをかんだり、マウスウォッシュでうがいをするだけでも効果的です。

重要なハミガキは、起床後と寝る直前と覚えておきましょう。そして、できる範囲で1日5回のハミガキを。

LECTURE-02

正しいハミガキ法②

正しいハミガキ方法でないと歯の汚れは落ちません

歯を磨くときには力を入れ過ぎない

**歯をキレイにしたいと思うと力が入ってゴシゴシ
そのハミガキは逆効果！　正しいハミガキ法を**

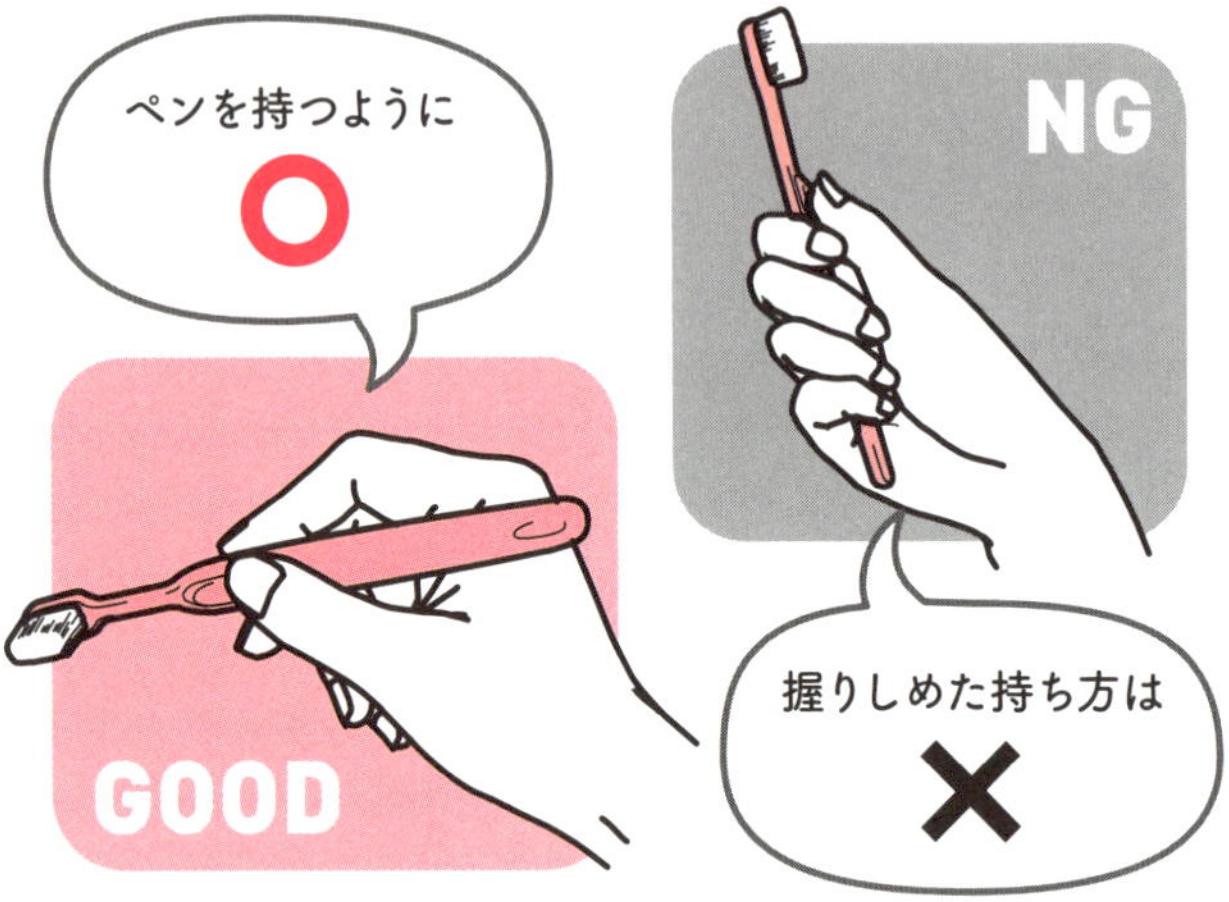

ハブラシを握りしめて力強く磨くと、歯の表面のエナメル質や歯ぐきを傷つけて逆効果になります。歯と歯ぐきの間の汚れもよく落ちないので、力の入れ過ぎに注意しましょう。ハブラシの持ち方は、ペンを持つように親指と人差し指、中指で持つ「ペングリップ」が基本です。歯と歯ぐきの境目を意識して、やさしく小刻みに動かすようにしましょう。力が入りすぎて毛先が乱れると、歯と歯ぐきの間の隙間など、細かい部分がよく磨けなくなり、歯ぐきも傷つけることになります。ハミガキはペングリップでやさしく磨くことが、歯と歯ぐきを守り口の衛生につながります。

LECTURE-02

1本1本の歯を意識してハミガキをする

**歯と歯の間や歯と歯ぐきの間を意識して磨くことが大切です
口の中を鏡で見ながら磨き残しがないように丁寧に**

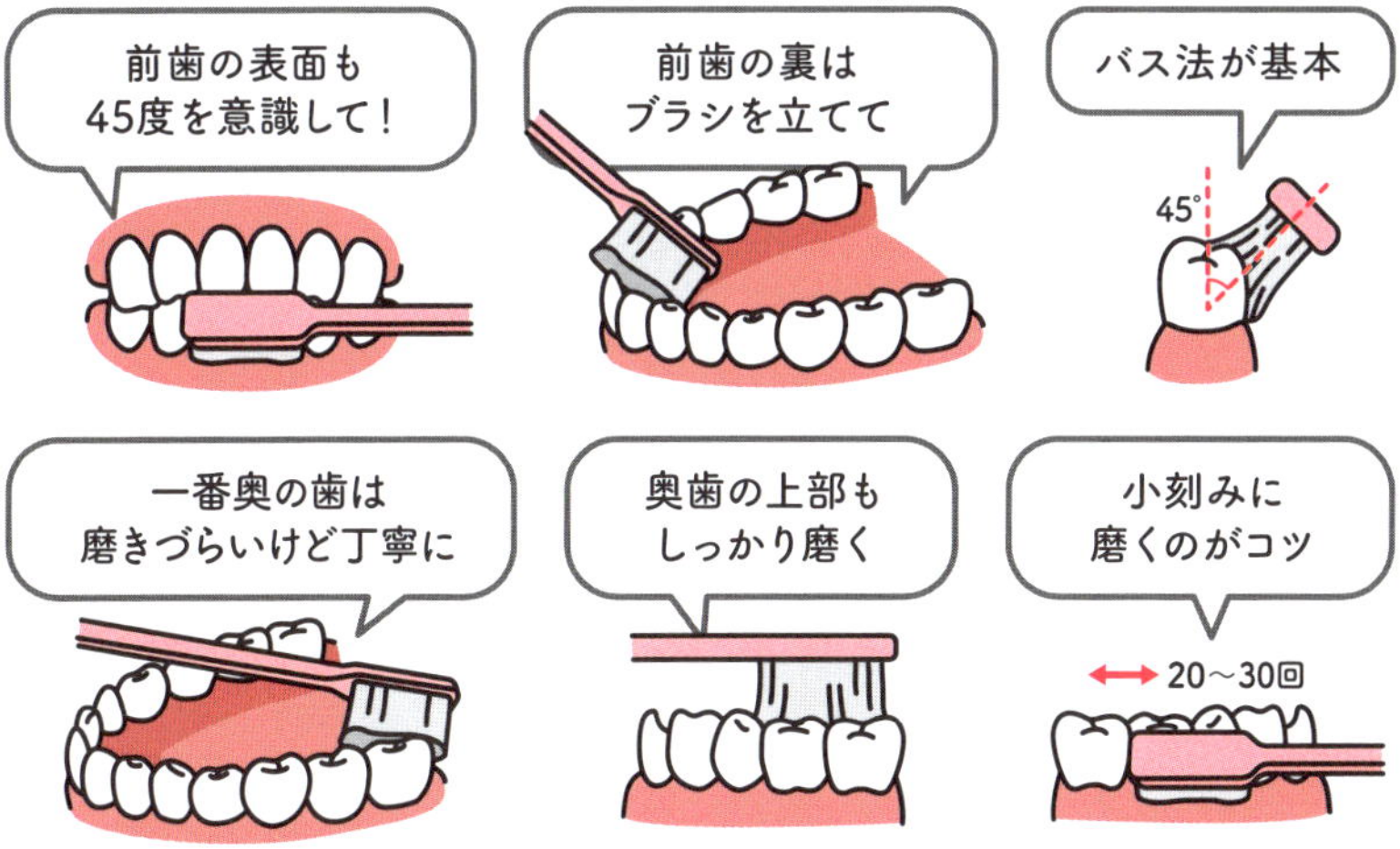
前歯の表面も
45度を意識して！
前歯の裏は
ブラシを立てて
バス法が基本
45°
一番奥の歯は
磨きづらいけど丁寧に
奥歯の上部も
しっかり磨く
小刻みに
磨くのがコツ
20〜30回

歯はブロックのように真四角ではなく、前歯と奥歯では歯の形も異なります。また、歯垢は歯と歯ぐきの隙間にたまりやすいため、隙間も含めて1本1本の歯を意識してハミガキすることが大切です。

歯周病対策でお勧めの方法は、歯と歯ぐきの間にハブラシを45度の角度であてる「バス法」です。1本の歯に対して小刻みに20〜30回横に動かします。ハブラシは「ペングリップ」で力を入れ過ぎないように、鏡を見ながらハミガキすると行いやすいです。奥歯や歯の裏も1本ずつ磨くことを意識しましょう。

歯並びによっては磨き方にコツが必要なので、歯科医院で指導を受けることをお勧めします。また、丁寧なハミガキには時間がかかります。寝ている間に口の衛生環境は悪化するため、起床後と就寝直前に時間をとってハミガキしましょう。

LECTURE-03

ハブラシの選び方

たくさんの種類のハブラシがありますがどう選んでいますか？

市販にはたくさんのハブラシの種類！ 正しく選ぶことが大切

毛先の太さや硬さ、持ち手部分の形状もさまざま
選び方によっては歯の汚れが落ちないことも

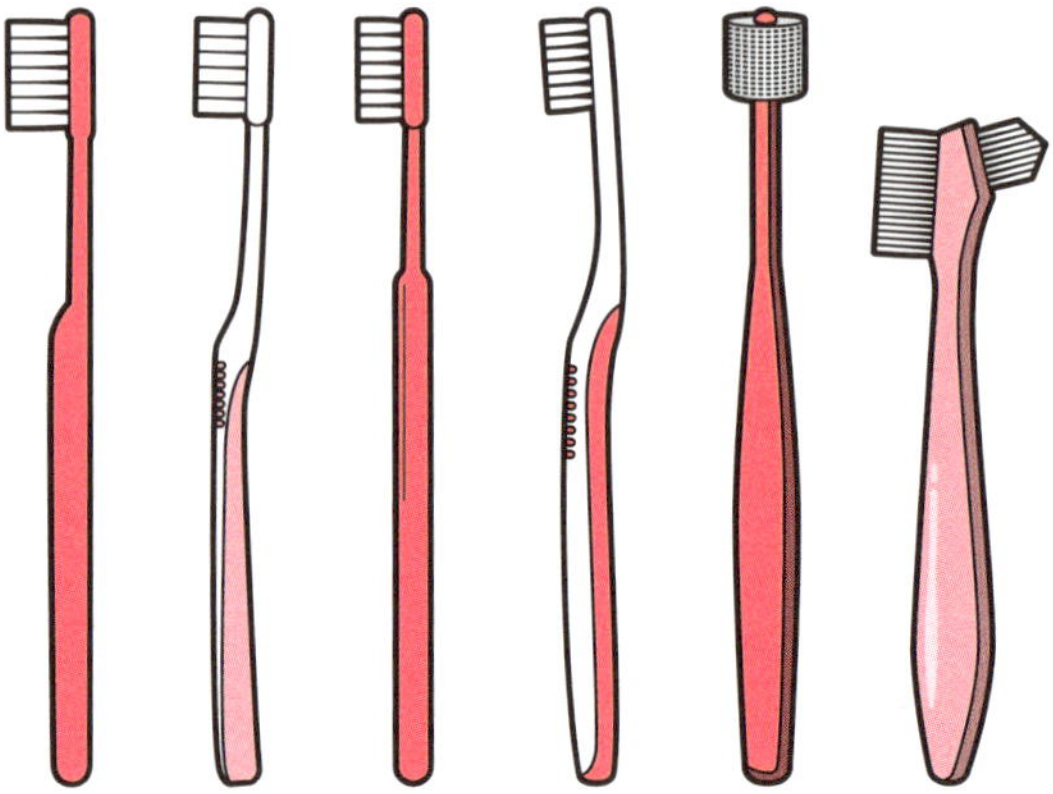

店頭に並ぶハブラシはどれを選んでよいのやら……

店頭にはたくさんのハブラシが並んでいます。お気に入りのブランドの製品を長年愛用している人もいるでしょう。しかし、ご自身の歯に合わないハブラシを使用していると歯垢がたまりやすく、口の環境は悪化します。たとえば、硬いハブラシは歯の表面の汚れを落としやすいのですが、歯と歯ぐきの間を磨くときには、力加減に注意しないと歯ぐきを傷つけることがあります。柔らかいハブラシは歯肉炎で出血しやすいときなどに有効ですが、歯の表面の汚れを落としにくいことがあります。このように、歯の形状、歯ぐきの状態、ブラッシング方法などによってハブラシの選び方は変わるのです。

お勧めのハブラシはコレ！

**ヘッドが小さくてハンドルは真っすぐなシンプルタイプ
毛先も真っすぐで普通の硬さのハブラシがお勧めです**

理想のハブラシ

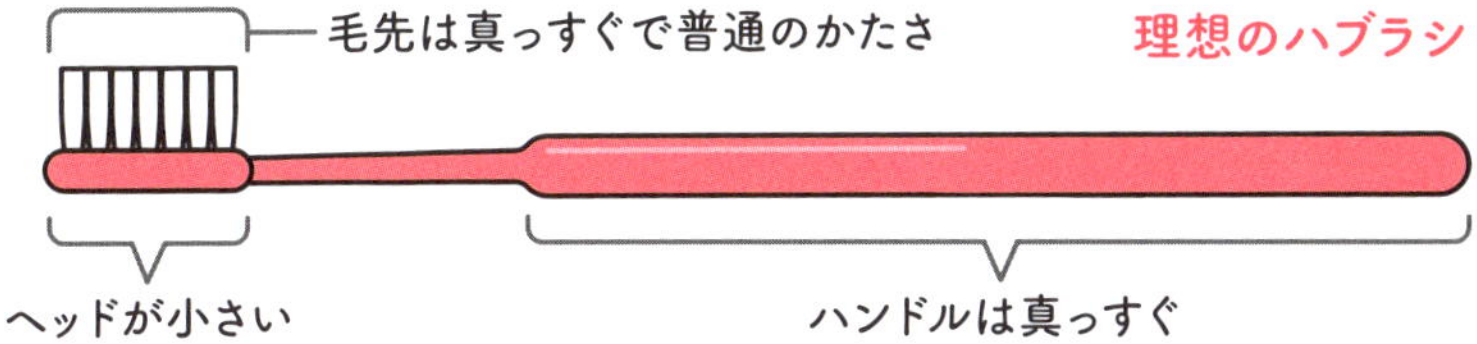

選び方のポイント

- ヘッドが小さい
- 毛先は真っすぐで普通のかたさ
- ハンドルは真っすぐ

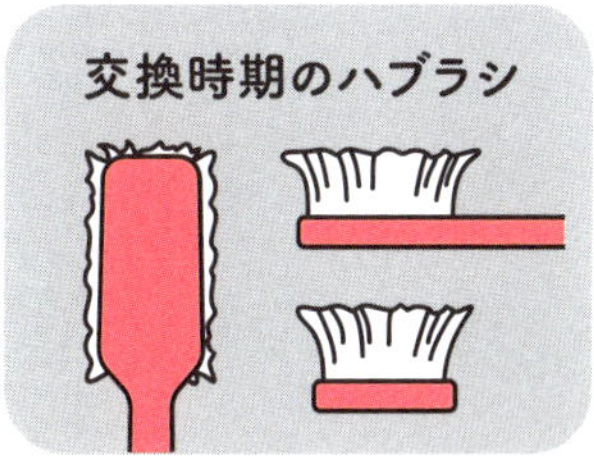

ヘッド部分が大きいと、奥歯の表面を磨くときに頬肉に当たって磨きにくいことがあります。奥歯の外側も内側も、隅々まで磨くにはヘッド部分が小さい方が操作がしやすいのです。ハンドルも真っすぐな方が、歯面に当てたときにちょうど良い力でコントロールしやすいでしょう。普通の硬さであれば歯ぐきを傷つけるリスクは低く歯垢を落とせ、真っすぐな毛先は歯の表面も磨きやすいといえます。

ヘッド部分の裏から見て毛先が横に飛び出したらハブラシの交換時期です。目安は使い始めてから約1ケ月後。毛先が横に開いた状態では汚れが落ちにくくなります。1〜2週間で毛先が広がるようならば、ハミガキに力が入りすぎている可能性があります。正しいハミガキ方法で磨くようにしましょう。

LECTURE-04

痩せを後押しする「おくち美化」習慣では歯磨き粉も大切
歯磨き粉の選び方

歯磨き粉も予防の目的によって種類がいろいろ！

歯周病予防や虫歯予防、ホワイトニングなど多数
痩せる体質のためには歯周病予防を選択！

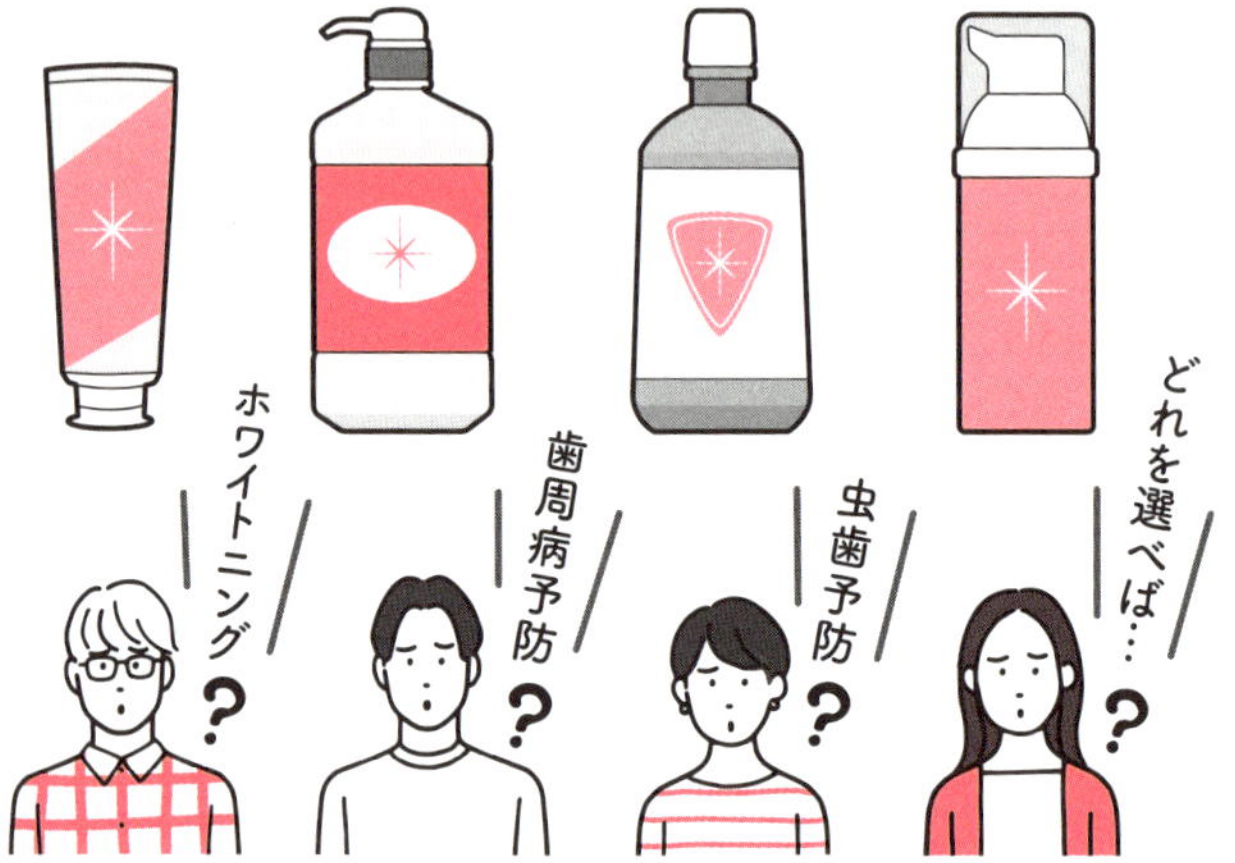

歯磨き粉も、歯周病予防や虫歯予防、口臭予防やホワイトニングなどの目的別、チューブや液体といった剤形、香り別など種類が豊富です。最近は、虫歯も歯周病もホワイトニングも、まとめて予防・改善が期待できるワンパッケージの製品もあります。好みのものを選んでいただいてよいのですが、脂肪肝や糖尿病と関わりの深い歯周病を予防するならば、やはり、歯周病予防が期待できる成分が入っているものがお勧めです。また、1日5回程度磨くことを習慣化するときには、歯磨き粉の研磨剤で歯を傷つけないように、研磨剤不使用の歯磨き粉を選ぶとよいでしょう。

歯周病予防に役立つ歯磨き粉の成分とは

口の中の細菌に対して高い殺菌作用のある成分に注目します すでに起こった歯ぐきの炎症も鎮めて歯周病を撃退します

歯磨き粉の成分表をチェック！

- イソプロピルメチルフェノール（IPMP）→ バイオフィルムへの浸透・殺菌

- 塩化セチルピリジニウム（CPC）
- 塩酸クロルヘキシジン

→ 殺菌作用

- β－グリチルレチン酸
- グリチルリチン酸ジカリウム

→ 抗炎症作用

- 酢酸トコフェロール（ビタミンE）→ 血行促進作用

ハミガキで磨き残しがあると、歯周病菌などの細菌が集まって身を守るために膜状のバイオフィルムを作ります。いわば外的要因に抵抗するための盾のような役割で、プラーク（歯垢）もバイオフィルムのひとつです。そんなバイオフィルム内にいる細菌まで殺菌作用が及ぶ成分もあります。効率よく歯周病菌を除去して予防に役立つのが上記の成分です。歯周病になると歯ぐきに炎症が起こります。歯周病菌は酸素が苦手な嫌気性細菌で歯ぐきの奥に入り込み炎症を引き起こし、歯ぐきの腫れや出血につながり口の衛生環境を悪化させます。炎症を鎮め、血行を良くして歯ぐきの腫れを抑える成分も、歯周病予防の歯磨き粉には配合されているのです。殺菌や抗炎症作用の成分を覚えておくと比較がしやすいと思います。

LECTURE-05

歯間ブラシの使い方

ハミガキだけでは落としきれない隙間の汚れをスッキリ！

歯と歯の間のケア（歯間ケア）が汚れの残りを防ぐ

歯と歯の間の汚れはハミガキでは取り除けない
歯間ブラシは細い部分の清掃にお役立ち

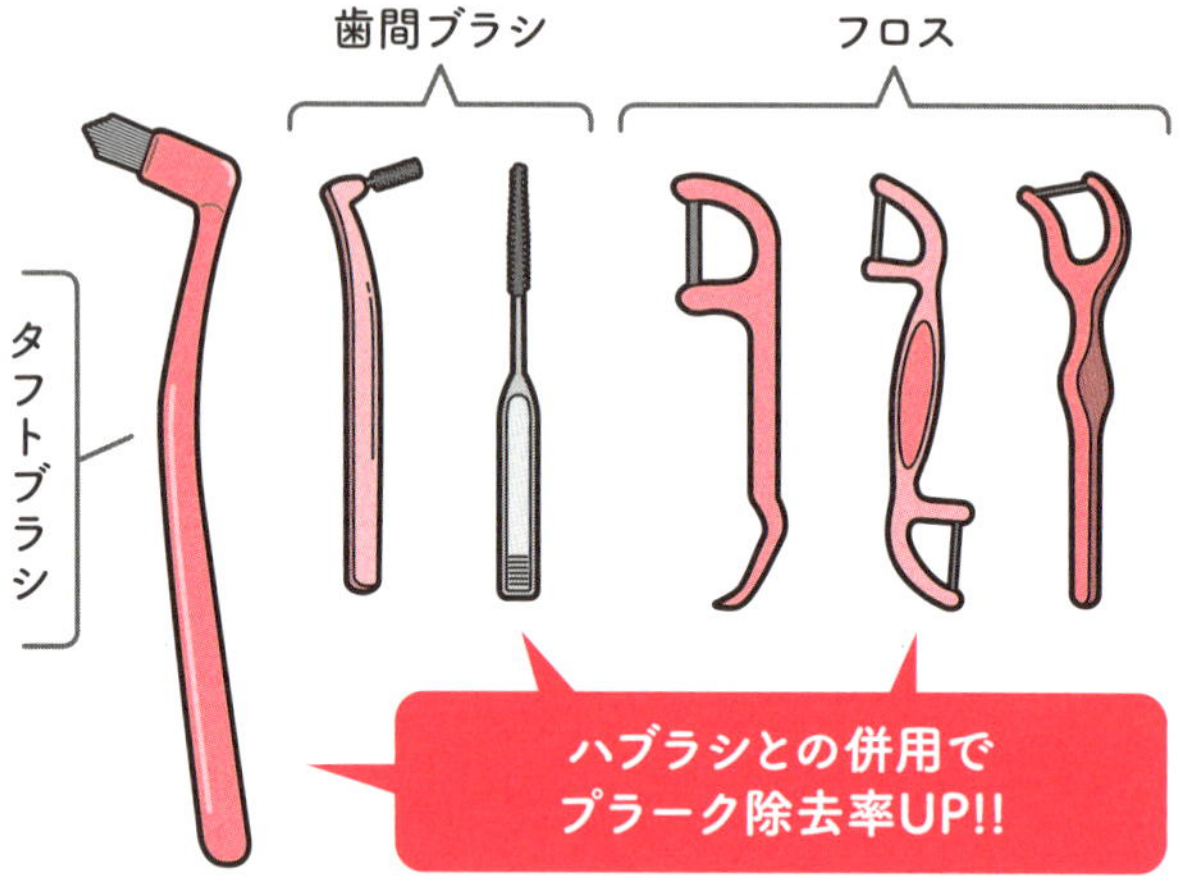

ハブラシだけでは、歯と歯の間の細かい部分の汚れを落とすことが難しく、プラークの60%程度しか除去できないと報告されています。ハブラシと歯間ブラシの併用では除去率が約85%、ハブラシとデンタルフロスの併用では除去率が79%という研究もあります。口の衛生を考えると、歯間ブラシやデンタルフロスの併用が役立つのです。とはいえ、忙しいのに毎食ごとのハミガキに時間がかかるのは困るということはあるでしょう。ハミガキは就寝直前と起床直後にしっかり磨くことをお勧めしています。そのときに歯間ブラシやデンタルフロスも活用してみてください。

歯間ブラシはこう使う！

歯と歯の隙間のお掃除に役立つ歯間ブラシの使い方は簡単！
歯間に合ったサイズを選びコツを覚えましょう！

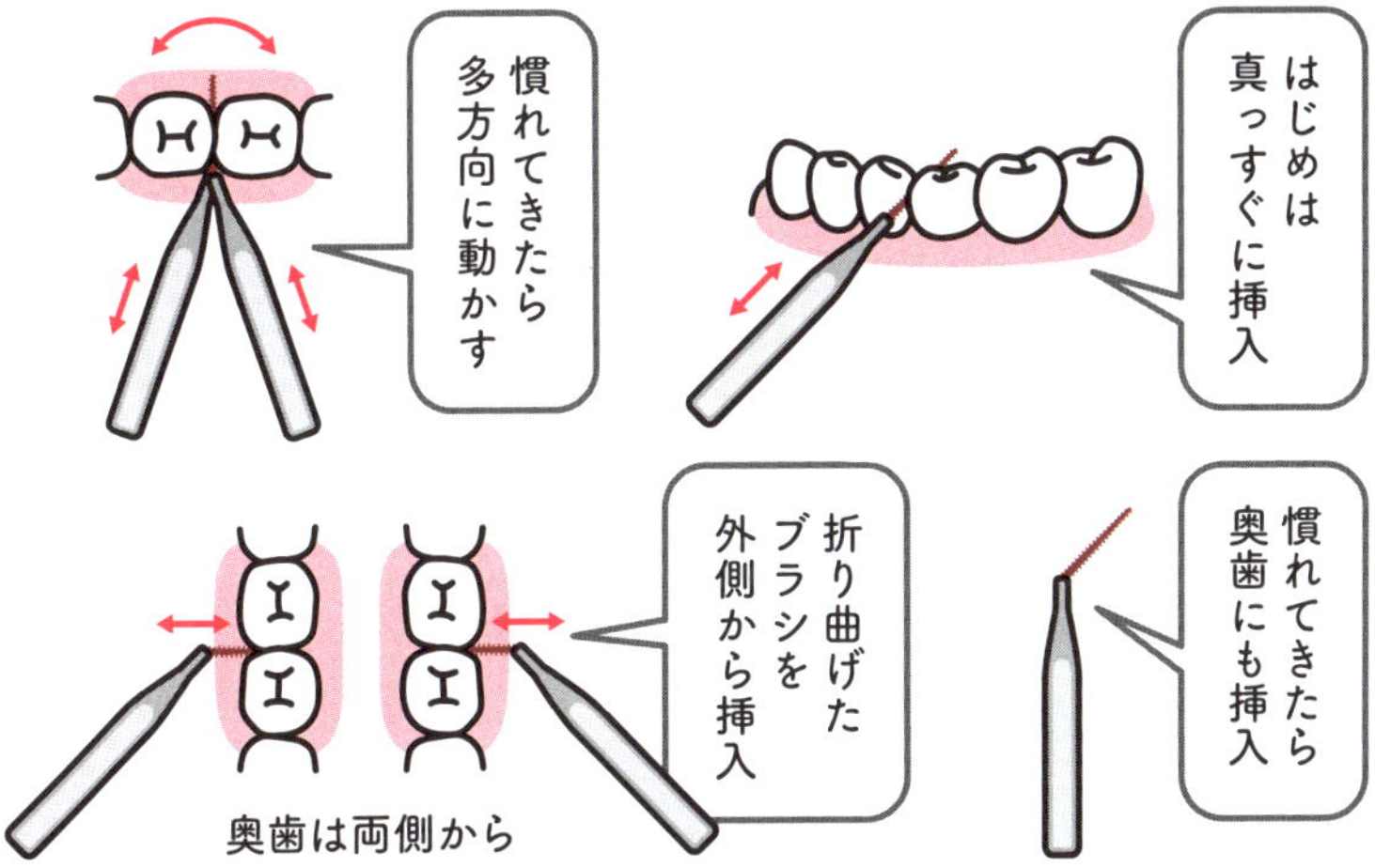

歯間ブラシはサイズがいろいろあるので、迷ったときには歯科医院に相談するのがベストです。自分に合ったサイズの歯間ブラシを見つけたら、まずは前歯の歯と歯の間に入れてみましょう。歯面に沿わせて前後に動かし清掃すると、歯と歯の間の汚れを効率よく取り除けます。奥歯は、使いやすいように歯間ブラシの先を曲げるとよいでしょう。曲げた方が奥歯は磨きやすいです。最初はなかなか慣れないかもしれませんが、習慣化できればスムーズに磨けるようになるでしょう。上記のイラストを参考にいろんな磨き方にトライしてみてください。

歯間ブラシの後にハミガキをすると汚れがより落としやすいといわれます。ちょっとハミガキ時間が長くなりますが、ぜひ試してみてください。

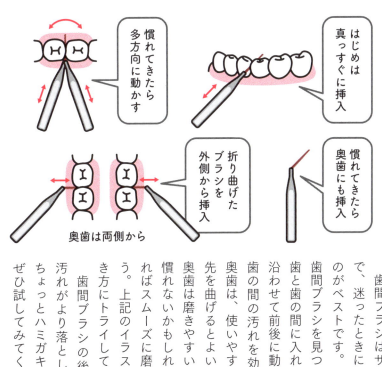

LECTURE-06

舌ブラシの使い方

細菌の温床となっている舌の上も毎日しっかり磨きましょう！

舌を磨かないと意味はない！

舌の表面の凹凸は細菌の温床になりやすいのです
毎日の舌磨きで感染症も防ぎましょう！

舌が細菌の温床になっていることは、PART-02（P58）でもご紹介しました。口の衛生状態が悪く舌苔が厚くなると細菌の温床となります。歯周病菌は酸素を嫌う嫌気性細菌という種類で、酸素に触れることが少ない舌表面の突起の間の溝の中で増殖しやすいのです。その舌の状態で食事をしたらどうなりますか？　歯周病菌は食べ物と一緒に胃を通って腸へ到達し、腸内環境を乱すことで脂肪肝、糖尿病、肥満へとつながるのです。しかし、ハミガキをしても舌苔はとれません。舌磨きが必要なのです。とはいえ、無暗にゴシゴシすると舌を傷つけることになり逆効果です。舌も正しく磨きましょう。

舌ブラシの正しい使い方

**細菌の温床の舌苔をとるときには奥から手前への方向が原則です
間違って細菌を喉に押し込むようなことはしないように！**

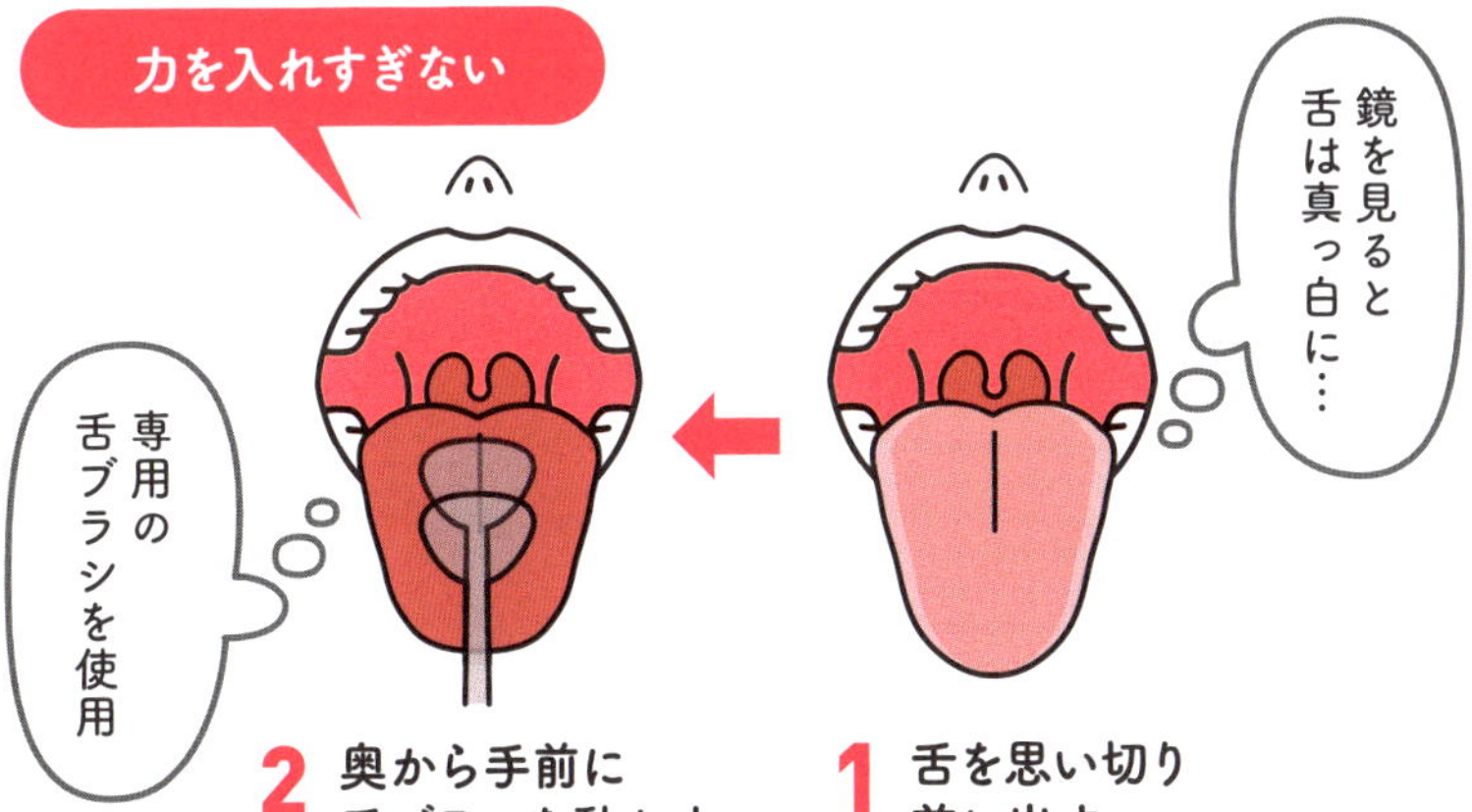
鏡を見ると
舌は真っ白に…
力を入れすぎない
専用の
舌ブラシを使用

1 舌を思い切り前に出す

2 奥から手前に舌ブラシを動かす

市販の舌ブラシは、ヘラタイプやブラシタイプなどの形状や、シリコン製やプラスチック製といった素材など、いろいろなタイプが発売されています。やさしく磨けるものを選ぶようにしましょう。

舌ブラシの使い方は、奥から手前にこするのが鉄則です。手前から奥にこすると、細菌や汚れが喉の方へ行くので注意しましょう。①鏡を見ながら舌を思い切り出します。②舌苔のついている部分を確認しながら、舌ブラシで必ず奥から手前にこすります。1日1回、就寝直前に行うと、寝ている間の細菌の繁殖や、唾と一緒に飲み込むことでの誤嚥性肺炎を防ぐことにもつながります。舌磨きを習慣化すると風邪などの感染症の予防にもなります。

ハブラシでの舌磨きは舌を傷つけるので逆効果になります。止めましょう。

セルフケアとプロケアの重要性

自己流のハミガキでは磨き残しによる歯垢は取り除けません

プロフェッショナルケア（プロケア）の活用法

ハミガキで取り切れない歯垢や歯石は歯科医院で定期的なプロケアが口を守るために不可欠

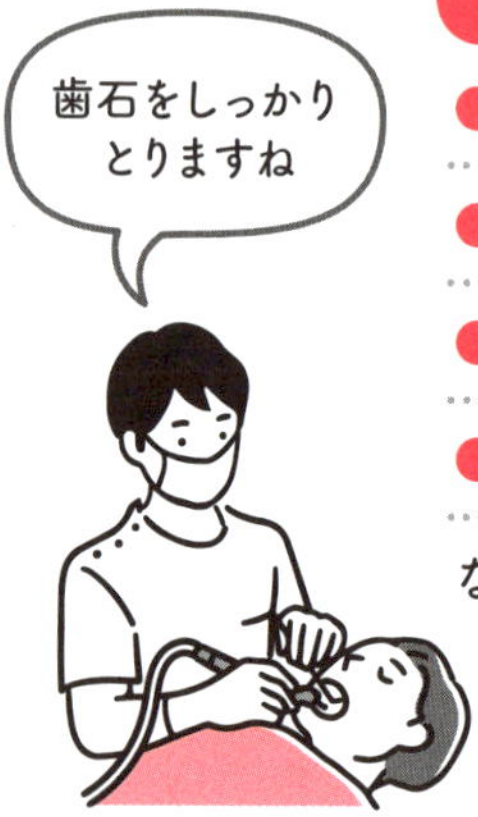

プロケアのポイント

- 歯石を除去する
- クリーニングを行う
- フッ素を塗布する
- ブラッシング指導をしてもらう

など

目安は4ケ月～半年に1回

毎日しっかりハミガキをしているつもりでも、歯と歯ぐきの間や、歯と歯の間に磨き残しは生じます。磨き残しによるプラークは、口の中のカルシウムと結合することで石灰化して硬い歯石になり、ハミガキでは取り除くことができなくなります。歯石は歯周病菌などの温床で、放っておくと歯周病菌の毒素で歯ぐきの腫れや出血といった症状が起こり、歯周ポケットが深くなってさらに歯周病が進行します。それを防ぐには、定期的に歯石や歯垢の除去を歯科医院で行ってもらうことが大切になります。同時に、口の状態に合わせたハミガキ指導も受けることができます。

セルフケアとプロケア両方のケアを習慣化

**定期的にプロケアを行っても努力を怠っては意味がありません
口のセルフケアも毎日きちんと行うことが大切です**

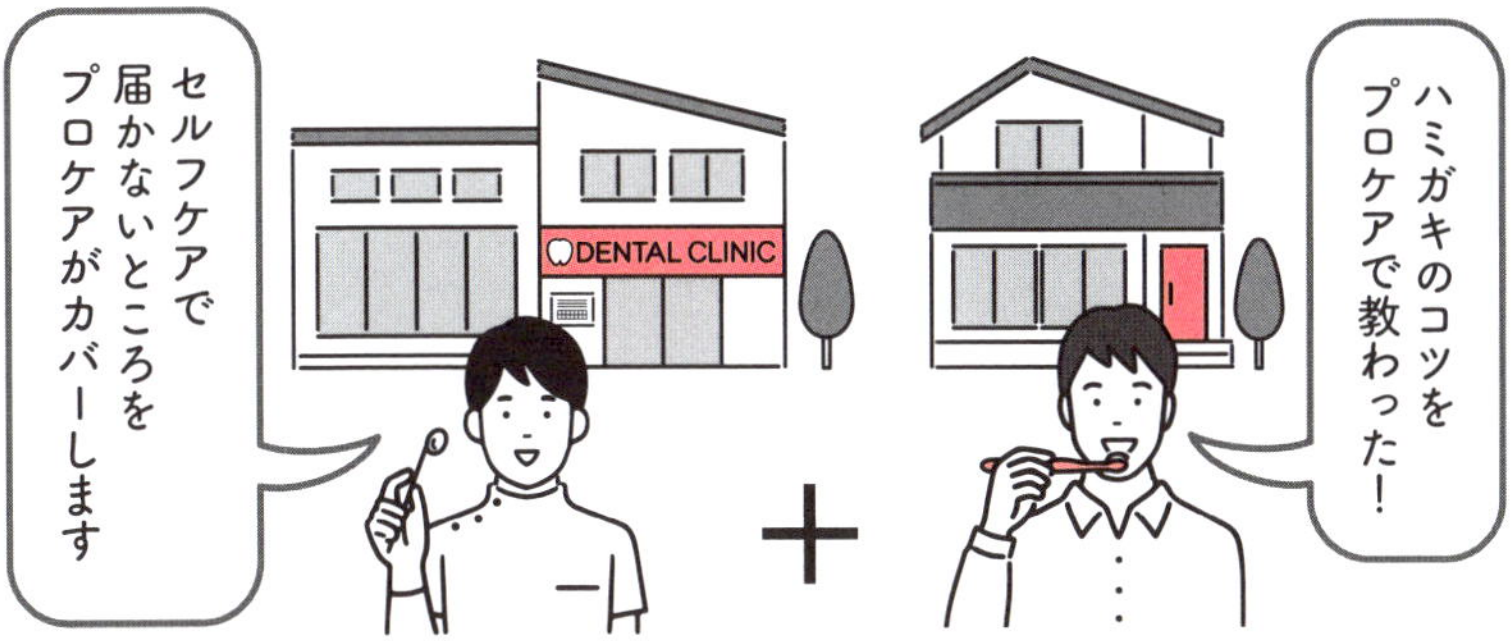

**プロケアもセルフケアも
どちらも大切です**

**毎日しっかり
ハミガキ**

毎日ハミガキをして歯間ブラシや舌ブラシを使うなど、セルフケアに時間がかかると面倒に感じることがあるでしょう。定期的な歯科医院でのプロフェッショナルケア（プロケア）を受けるようになって、「歯科で歯石をとってもらうから」とセルフケアをおろそかにしてしまう人がいます。しかし、セルフケアを怠ると、歯と歯ぐきの隙間などに歯石がたまり、それらはハミガキで取り除くことができないため、口の衛生環境が悪化します。一般的に歯科医院の歯石除去のメンテナンスは、4ケ月〜半年に1回ですのでプロケアだけを頼りにすると口の環境は悪化します。セルフケアを日々しっかり行った上でプロケアを活用するのが基本です。ハミガキのコツなどもプロケアで教わることで、日々のセルフケアを効率的に行えるようにすることも可能です。

LECTURE-08

ドライマウスの改善

口の環境を自然に整えるために大切な唾液は出てますか？

口の中の渇き・ドライマウスを予防することも大切

唾液は口の洗浄で大切な役割を担います
ストレスなどで減っているとたいへん！

唾液が少ないと
口の中は
細菌天国
唾液の量は
1日
1〜1.5L
たっぷりの唾液で
細菌などを排除する

まずは、口を開けてみてください。このとき空気中の細菌やウイルスが口の中に侵入します。また、すでに虫歯菌や歯周病菌などの悪玉菌もいます。それらが増殖するのを防ぎ、殺菌し洗い流す作用を持つのが「唾液」です。1日1〜1・5リットルも唾液腺から分泌され「おくち美化」に役立っています。ただし、過度なストレスや緊張する場面では唾液の分泌量が減ります。また、口呼吸を続けていると、当然のことながら口の中が乾燥してドライマウスを引き起こしやすくなります。また、シェーグレン症候群のような病気、あるいは、降圧薬などの薬による副作用など原因はいろいろです。

口の渇き ドライマウス度チェック

唾液が極端に減るドライマウスは口の環境を急速に悪化させます
ドライマウスになっていないかまずはチェックしましょう

ドライマウス度チェック

- □ 口の中が粘つく
- □ ろれつがまわりにくい
- □ 口臭が気になる
- □ 喉がイガイガする
- □ 舌苔が多い
- □ よく口内炎ができる
- □ 舌がピリピリする
- □ 口紅が歯につく
- □ いつも口呼吸をしている
- □ パサパサしたものが飲み込みにくい

当てはまる項目が多いほどドライマウスの可能性が高いといえます

唾液の分泌量が減って口の中が乾燥するドライマウスは、虫歯や歯周病を急速に悪化させて口の中の環境を悪くします。歯周病菌が増殖して全身を巡るようになると、脂肪肝や糖尿病、肥満へとつながるので注意が必要です。プロケアでもドライマウスか否かをチェックしてくれますが、上記のチェック項目でひとつでも当てはまったら唾液の分泌量が減っている証。唾液には食事の刺激がなくても自然に分泌される「安静時唾液」と、食事などの刺激で分泌される「刺激唾液」があります。唾液の分泌量を簡単に増やすには刺激唾液が役立ちます。「よく噛む」(P80)や「唾液腺を鍛える」(P84)、「笑う、話す、歌う」(P87)で刺激唾液を増やすことは可能です。日頃から刺激唾液を増やすことを意識しましょう!

LECTURE-09

口腔ケアの大切さ

歯だけでなく唾液や筋肉を含めた口全体のケアが大切です

唾液が少ないと病気になる！

**唾液が少ないと感染症にかかりやすくなります
食欲不振などで全身の健康状態の悪化にも**

唾液の主な働き

- 細菌の繁殖を抑える
- 口の中を清潔に保つ
- 糖質を分解する
- 味蕾に味を届ける
- 口の中を湿らせて粘膜を守る
- 食べ物を飲み込みやすくする
- 自律神経のバランスを整える
- 歯のエナメル質を保護する
- がんの原因となる活性酸素を抑える

唾液には殺菌・抗菌成分以外に、がんや動脈硬化などと関係する活性酸素を抑える酵素、老化防止のホルモン、でんぷんを麦芽糖に変える消化酵素など、さまざまな成分を含みます。そのため、唾液が少なくなると口の環境が悪化するだけでなく、全身の健康を脅かすことにつながるのです。また、唾液の分泌量が半分程度にまで減少するドライマウスになると、虫歯や歯周病が進行しやすくなり、唾液が少ないことで会話や食事などにも支障が生じてQOL（生活の質）が下がります。唾液を含めた口腔ケアを意識することが大切といえます。

LECTURE-09

ハミガキだけじゃない 大切な口腔ケア

全身の健康と関係するのは歯周病や虫歯菌だけではありません 重要な役割を担う唾液や口周りの筋肉もしっかり維持しましょう

口腔ケアでは唾液量がしっかり維持されていることも重要になります。2020年から始まった新型コロナの自粛では、他人と会うことが制限されて会話が減り、マスクをすることで口呼吸になるなどした結果、唾液の分泌量が減り口の衛生環境が悪くなった人がいました。また、極端なダイエットできちんと食事をしていないと、咀嚼《そしゃく》による唾液の分泌量が減ると同時に口周りの筋肉の働きも低下します。ハミガキも大切ですが、よく噛んで食べたり、他人と話をしたり、笑ったりすることは口の健康にとって大切です。これを機能的な口腔ケアと呼びます。ハミガキは器質的な口腔ケアです。口の健康が全身の健康につながり、太りにくい体質にもなることができます。日々の生活の中で、機能的な口腔ケアも意識するようにしましょう。

LECTURE-10

噛むことの大切さ

よく噛むと脳への刺激などで食べ過ぎ防止につながります

よく噛めば食欲を抑えられる！

口を動かして歯を噛み合わせることがポイント
脳への血流が増えて食欲抑制につながります

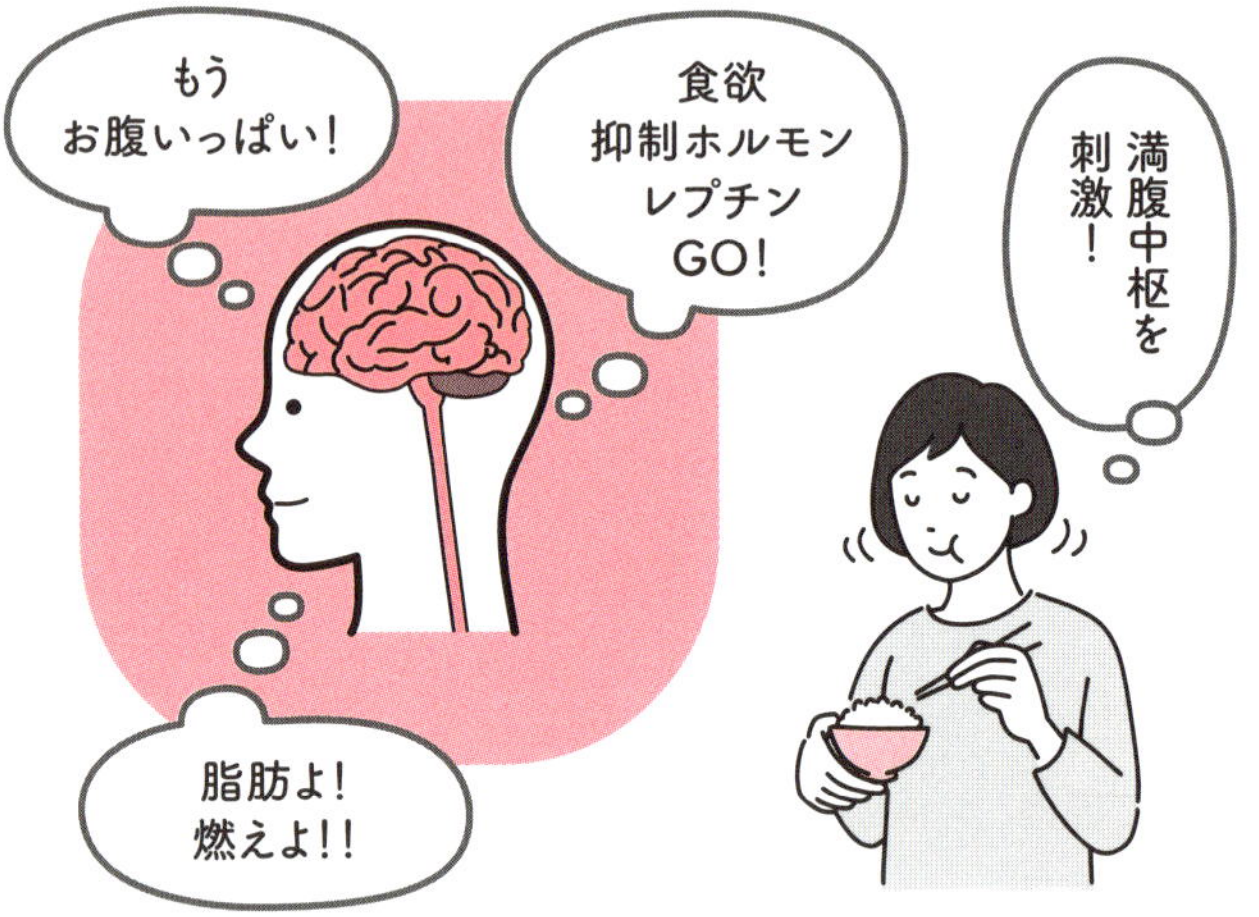

食べ物を噛むときにはアゴを動かし、歯と歯を噛み合わせるでしょう。この刺激によって脳が活性化され満腹中枢に働きかけることで、食欲が抑えられるのです。食欲抑制ホルモンのレプチンも分泌されるため、同じ量でも噛む回数が少ないときよりも満腹感を得やすくなります。

さらに、満腹中枢が刺激されると内臓脂肪の燃焼を促すようになります。つまり、よく噛んで食べると暴飲暴食は抑えられ、内臓脂肪の燃焼も促進するために痩せやすくなるのです。また、食後の血糖値が上がりにくくなるため、糖尿病の予防にもつながります。しっかり噛んで食べましょう。

硬い食品やガムなどで噛む回数を増やす！

しっかり噛むと脳への刺激で集中力も高めることが可能です
ガムやスルメイカなどの硬い食品も活用しましょう

よく噛んで脳を刺激すると、集中力や判断力などを高めることができます。噛むことによる脳への刺激は、認知症との関係でも重要です。疫学調査の研究で、歯が少ないほど認知症の発症リスクが高くなったと報告されているのです。歯が20本以上残っている人と比べて歯がほとんどなく義歯未使用の人の認知症発症リスクは1・9倍、なんでも噛める人に対してあまり噛めない人のリスクは1・5倍と報告されていました。

しかし、現代人はやわらかい食品を食べる機会が増え、噛む回数が減ったといわれています。日々の食事でしっかり噛むことを意識することに加え、噛み応えのある食品でよく噛む習慣を持つこともお勧めです。ガムやスルメイカなどもよいでしょう。集中力を高めたいときにも活用してみてください。

鼻呼吸を意識する

唾液分泌を促し全身の健康と感染予防にも役立ちます

口呼吸ではなく鼻呼吸を意識する

口呼吸は口の中を乾燥させ悪玉菌を繁殖させます
鼻呼吸はフィルター効果で感染症予防にも

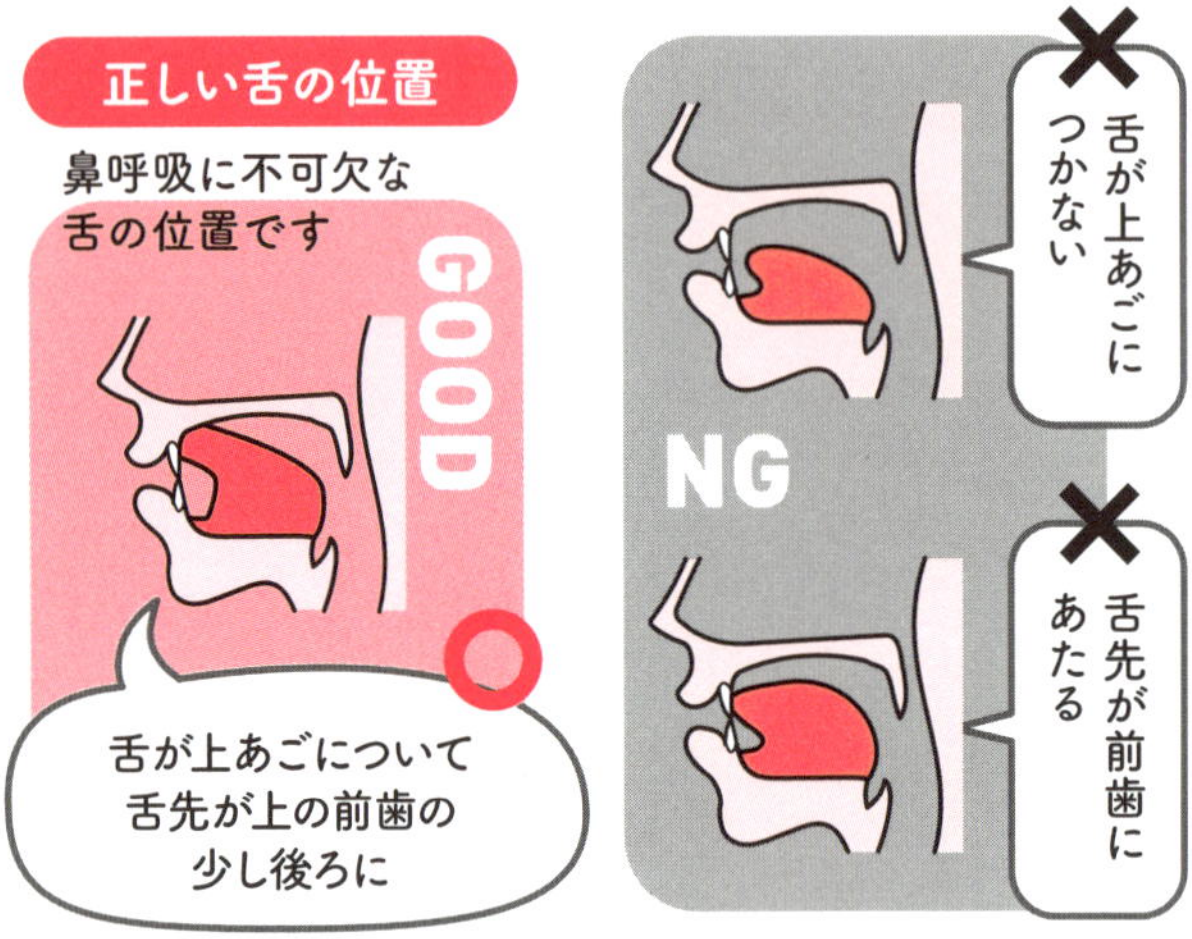
正しい舌の位置
鼻呼吸に不可欠な舌の位置です
GOOD
舌が上あごについて舌先が上の前歯の少し後ろに
NG
舌が上あごにつかない
舌先が前歯にあたる

口呼吸は口の中を乾燥させて唾液を減らし、悪玉菌を繁殖させやすくします。口の外から入ってくる細菌やウイルスにも感染しやすく、風邪などの感染症のリスクも上がるので注意が必要です。

一方鼻呼吸は、口の乾燥を防ぐことに加え感染予防にも役立ちます。ウイルスなどが空気と一緒に鼻に吸い込まれると、フィルターのような役割の毛や粘膜にからめとられて鼻の奥への侵入が食い止められるのです。

日常生活で鼻呼吸を意識することが大切ですが、舌が下がって上あごについていなかったり、前歯に接していたりすると口呼吸になりやすいのです。

口呼吸を鼻呼吸に変える「あいうべ体操」

舌の位置が下がっていると口呼吸になりやすいのでご用心 鼻呼吸に変える体操をこまめに続けてみましょう

1 「あー」と口を大きく開く

2 「いー」と口を大きく横に広げる

3 「うー」と口を強く前に突き出す

4 「べー」と舌を突き出して下に伸ばす

舌の位置が下がるなど正しい位置からズレると、口は自然に開いて口呼吸につながります。正しい位置は「上あごに舌がピッタリついて、舌先は上の前歯の少し後ろにあたっている状態」です。

といわれても、よくわからないという場合は、「みらいクリニック」（福岡市）院長の今井一彰先生が考案された「あいうべ体操」を行うとよいでしょう。舌の筋肉が鍛えられて舌の位置が正常になり、自然に鼻呼吸ができるようになります。1日30セット（3分間）を目標にするとよいそうです。舌を動かして口周りの筋肉が鍛えられると、食べる力も養われます。また、唾液もたくさん出ます。

鼻呼吸と口の衛生環境をよくすることで、新型コロナなどの感染症や歯周病菌、虫歯菌などの悪い菌を一気に封じ込めましょう。

LECTURE-12

冬場の乾燥やストレスで減りがちな唾液を増やしましょう

唾液腺と筋肉を鍛える①

唾液腺マッサージで口のうるおいをアップ

**ホルモンバランスやストレスなどで減少する唾液
唾液腺を刺激してうるおいを増やしましょう**

耳下腺《じかせん》

耳たぶのやや前方あたりに指をあて、前に向かって回しながら10回押す

顎下腺《がつかせん》

顎の骨の内側、顎のラインのくぼみ部分を3～4か所、上から下へ5回ずつ押す

舌下腺《ぜつかせん》

顎の際のとがった部分の内側に両手の親指の先を当て、ゆっくりと10回押し上げる

冬の乾燥シーズンやストレス、ホルモンバランスの乱れなどで唾液は急激に減ってしまうことがあります。せっかく毎日ハミガキをしても、唾液が減っては元も子もありません。唾液腺を刺激して分泌量を増やしましょう。就寝中は口の中の悪玉菌が増えやすいので、寝る前に行うのが基本です。代表的な３つの唾液腺をリラックスした状態でやさしく刺激しましょう。すでにドライマウスの人や加齢で唾液の分泌量が落ちている人は、食事の前に行うと食事をより美味しく食べることが期待できます。口の中が乾燥していると感じたときにも、試してみてください。

舌の筋トレで
口の環境を整える

唾液の分泌量を増やすために舌の筋トレ習慣も役立ちます
舌が正常な位置に置かれることで鼻呼吸にも

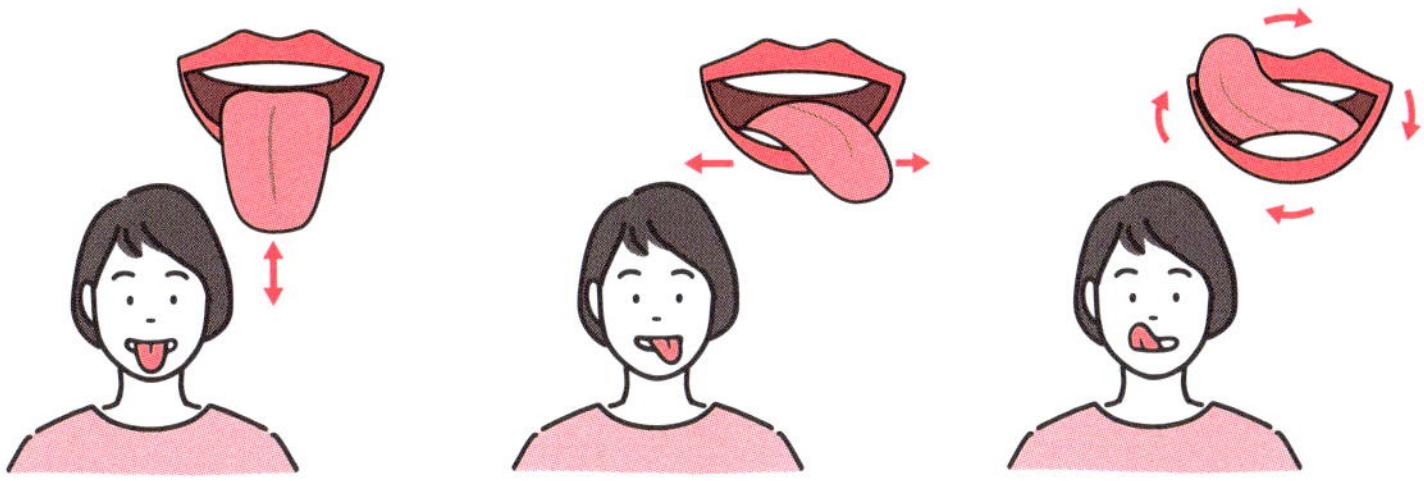

1 舌を前に思い切り突き出す。一度引っ込め、もう一度出す。これを3回繰り返す

2 出した舌を左右に動かす。3回行う

3 くちびるをなめるように、口の周りをぐるりと動かす。3回行う

口周りの筋肉を整えると唾液腺も刺激される！

人との会話もなく黙々と仕事をしていると口周りの筋肉は衰えます。P82で舌の位置が下がることをご紹介しましたが、舌を動かさないと衰えて下がりやすくなります。P83の「あいうべ体操」もよいのですが、さらに口周りの筋肉を鍛えるためにお勧めしたいのが「舌の筋トレ」です。舌を大きくゆっくり動かしてみてください。

舌を動かすと唾液腺が刺激されて唾液量が増えます。また、舌が正常な位置に留まるようになって口呼吸を予防し、自然に鼻呼吸につながるのです。

鼻呼吸は口の衛生を保つために欠かせません（P82）。「あいうべ体操」や「唾液腺マッサージ」とともに、「舌の筋トレ」も習慣化しましょう。口を唾液で潤すことで良い口腔環境につながると同時に滑舌もよくなります。

唾液腺と筋肉を鍛える②

口周りの筋トレは老化防止に加えて肥満予防にも役立ちます

口輪筋を鍛えれば老化防止にも役立つ

口角が自然に下がるのは口の老化の始まりです
割りばしやストローを口にくわえて20秒で解消

割りばしやストローなど細長いものをくわえて20秒キープ

無意識のうちに口が少し開いていることはありませんか？　口の開閉に関わる口輪筋という筋肉が衰えていると、口を閉じた状態を維持できなくなるのです。ご高齢の方に多いのですが、若くても口輪筋が衰えていると口が開いたままになります。口呼吸を誘発して口の衛生状態が悪くなり、口角も下がるため老け顔になるのでご注意ください。また、口周りの筋肉が衰えると肥満と関係の深い睡眠時無呼吸症候群にもつながる可能性があります。口輪筋を鍛えるトレーニングの習慣が予防に役立ちます。ストローや割りばしなどの棒状のものをくわえて20秒キープするだけです。

「笑う・話す・歌う」で、唾液分泌をトリプルサポート

口周りのトレーニングは歌って笑って話しても OK
口角を上げて楽しく鍛えることを習慣化しましょう

口周りの筋肉を鍛えて唾液の分泌を促し鼻呼吸を維持することは、口の健康に役立ち、痩せるサポートにもなります。でも、毎日ハミガキして口周りの筋肉を鍛えることがストレスになるとよくありません。ストレスは唾液の分泌量を減らして口の環境を悪化させるからです。セルフケアとトレーニングを後押しするため、日常生活で楽しく口を動かすこともお勧めしています。思い切り笑うことも、歌うことも、楽しくおしゃべりすることも、唾液を増やし口周りの筋肉を鍛えるために役立ちます。さらに、幸せホルモンといわれる脳の神経伝達物質のセロトニンも増え、リラックスすることで自律神経のバランスもよくなるなど、全身の健康も後押しします。「笑う・話す・歌う」もぜひ「おくち美化」習慣に取り入れていただきたいと思います。

PART-03

まとめ

自然に痩せ体質になる口の中の整え方

◎朝の起床後すぐにしっかりハミガキをする（5分以上）

◎夕食後は軽めのハミガキ、寝る直前にしっかりと

◎ハブラシと歯磨き粉はきちんと選ぶ

◎歯と歯の間のケア（歯間ケア）が汚れの残りを防ぐ

◎舌も磨かないと意味はない！

◎半年に1回以上はプロケアを活用

◎口の中の渇き・ドライマウスを予防することも大切

◎硬い食品やガムなどで噛む回数を増やす！

◎口呼吸ではなく鼻呼吸を意識する

◎口輪筋を鍛えて老化防止も実現

◎「笑う・話す・歌う」で、唾液分泌をトリプルサポート

PART-03ではオーラルケアの具体的な方法について解説してきました。適切なタイミングと方法で、ハミガキ、歯間ケア、舌磨き、プロケア等を行いましょう。また、よく噛むことや口のトレーニングなど、日常生活での意識や取り組みも大切です。PART-04でさらに詳しくご紹介します。

SLIM DOWN NATURALLY
with 'ORAL BEAUTY' PRACTICES

PART-04
痩せる生活習慣をプラスして健康美を手に入れる

「おくち美化」習慣が身につくと痩せやすくなります。さらに正しいハミガキと痩せる生活習慣を組み合わせることで太りにくい体はもちろん、病気の撃退も可能です。すらっとした体で健康長寿を実現しましょう。

脂肪の燃焼を促す茶カテキンを毎日活用しましょう

緑茶を活用

脂肪燃焼＆虫歯予防 濃い緑茶

**緑茶のカテキンは健康に役立つ作用がいっぱい
脂肪燃焼、高血糖抑制、虫歯予防まで！**

脂肪の燃焼促進・食後の高血糖抑制・血圧の上昇を抑えるなど、茶カテキンの作用はいろいろ

緑茶の苦み成分・カテキンにはさまざまな作用があります。たとえば、継続的にとると肝臓の脂肪代謝が活発化し、脂肪燃焼が促されると報告されています。高血糖を防ぐ作用もあるため、余分なブドウ糖が中性脂肪に変わることも抑制され、脂肪燃焼と脂肪がたまりにくい体になることが期待できます。

また、抗菌作用や抗う蝕《しょく》作用もあり、口の健康にもカテキンは役立ちます。お茶でうがいをすると風邪などにかかりにくいともいわれています。

食事や水分補給のときに緑茶を活用しましょう。濃い緑茶の方がカテキンなどの成分が多く含まれます。

痩せる成分をとるため茶葉も活用 急須で緑茶を入れて茶葉まで食べる！

急須で入れたお茶の痩せる成分は約30%、茶葉だと約70%にも お茶をこまめに飲むと同時に茶葉も食べるのがお勧め！

茶葉まで食べると痩せる成分は 約70%

急須で入れたときの痩せる成分は 約30%

茶葉まで食べると緑茶の痩せる成分を多く摂取できます

ペットボトルの緑茶500mlを1日1本飲んでも、脂肪燃焼や脂肪蓄積抑止に役立ちます。より効率的に痩せる成分をとりたいならば、急須で入れて茶葉まで食べるのがベストです。お茶にはカテキン以外にも、ビタミンCなどの抗酸化ビタミンや、免疫向上やリラックス効果が期待できるテアニンといううまみ成分などが入っています。茶葉を入れた急須にお湯を注いだら1～2分蒸らすとよいでしょう。痩せる成分の約30%はお茶として飲むことができます。茶葉まで食べると約70%。茶葉はフードプロセッサーで粉末にしてふりかけなどにするとよいでしょう。また、食事前にお茶を飲むことで食後の血糖値の上昇を防ぎ、脂肪の蓄積抑制により役立ちます。お茶は食後だけでなく食前にも飲む習慣を持つようにしましょう。

LECTURE-15

内臓脂肪も歯周病も退ける高カカオチョコレートの成分

高カカオチョコ活用

高カカオチョコレートで脂肪を減らす

カカオポリフェノールが内臓脂肪や歯周病を予防　カカオプロテインが食後の高血糖も防ぐ！

赤ワインの5倍の
ポリフェノール
植物性タンパク質
カカオプロテインも
たっぷり
カカオ
70%
カカオ
80%
食物繊維は
ゴボウよりも
多い！

血糖値上昇を抑え、脂肪肝・認知症・虫歯の予防にも

高カカオチョコ（カカオ成分70％以上配合）には、赤ワインの5倍のポリフェノールが含まれます。体内で発生する活性酸素を抑えることで生活習慣病や歯周病の予防や改善、認知症の予防が報告されています。その抗酸化作用が歯周病予防にもなるのです。

また、植物性タンパク質のカカオプロテインと食物繊維によって食後の高血糖を防ぎ、内臓脂肪を蓄積しにくくし、すでにたまった内臓脂肪を燃焼させる作用も期待できます。ちなみに、高カカオチョコの食物繊維はゴボウよりも含有量が多いのです。便秘を防いで腸内環境を整える作用も高カカオチョコにはあります。

LECTURE-15

高カカオチョコレートは食前と間食の1日5回に分けて食べる

カカオポリフェノールやカカオプロテインを最大限活用するには一度にたくさん食べるのではなく小分けに食べるのがGood！

カカオポリフェノールの効果時間のイメージ

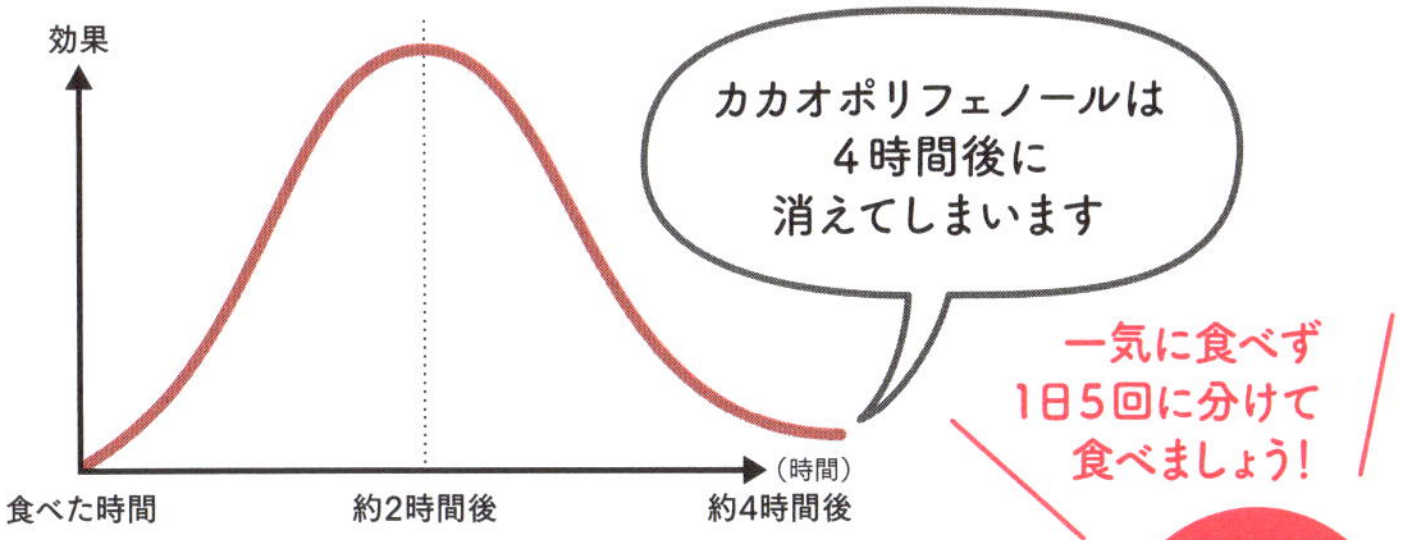

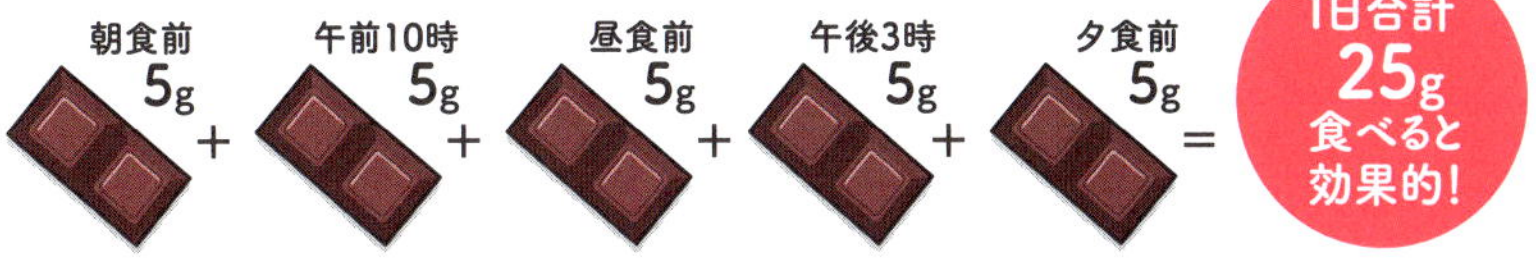

カカオポリフェノールやカカオプロテインなど高カカオチョコに含まれる成分を活用するには、食べるタイミングが大切です。内臓脂肪や食後の高血糖を抑えるには、食前に1個（5g）食べるとよいでしょう。チョコレートは脳の幸せホルモンと呼ばれる神経伝達物質のセロトニンを増やす作用が報告されています。食前に高カカオチョコを食べて幸福感を得ることで、ストレスによる暴飲暴食を抑制する働きもあるのです。

ただし、一度に高カカオチョコをたくさん食べても、カカオポリフェノールは長時間維持できず排泄されます。そのため、小分けに食べることがお勧めです。1日3回の食事の前、午前と午後のおやつの時間にも、合わせて1日5回（1回5g）が基本です。

LECTURE-16

糖質ちょいオフ

カロリーをとりすぎて太るは間違い！ 糖質のとりすぎが×

カロリーよりも糖質ちょいオフを意識する

高カロリーの肉類よりおにぎりの方が太ります！糖質が中性脂肪に変わることに注意しましょう

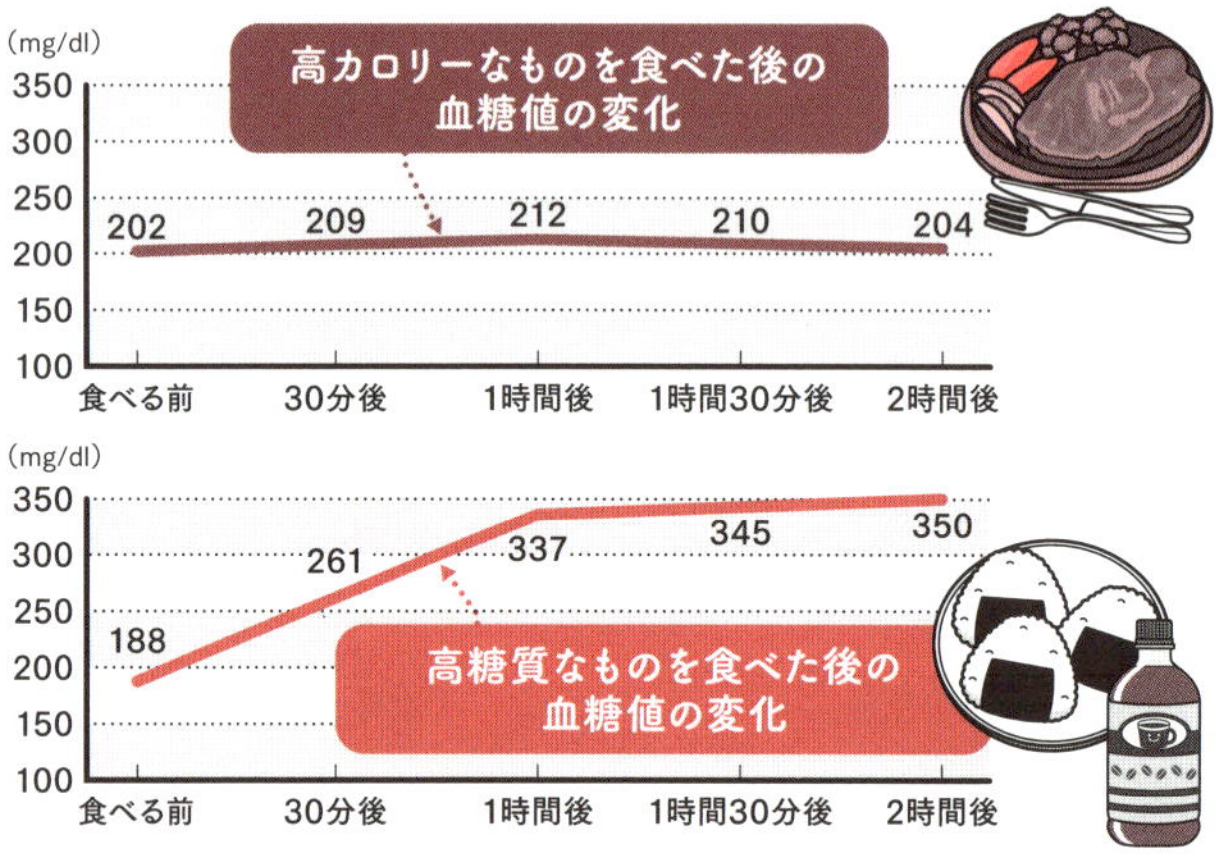

※出典：栗原クリニック東京・日本橋調べ

ダイエットでは食事のカロリーを気にする傾向がありますが、ご飯や麺類、パン類などを食べ過ぎることで余分な糖質が中性脂肪に変わります。つまり、糖質をたくさん食べることで太りやすくなるのです。実験では、サーロインステーキ160gを食べたときよりも、おにぎり3個と缶コーヒーをとったときの方が高血糖になりやすいことがわかりました。ダイエットでは高カロリーの肉類をしっかり食べてエネルギー代謝を上げる筋肉を養い、糖質は少し控えるとよいのです。糖質はエネルギー源なので、全く食べないのはよくありません。いつもより少し抑える「糖質ちょいオフ」がお勧めです。

糖質ちょいオフでみるみる痩せる

ご飯や麺類、パン類以外にも果物、根菜類、イモ類などに注意
肉類、魚介類、卵、乳製品、葉野菜は食べましょう

主食はゼロにせず1～2割減らすだけの「糖質ちょいオフ」を意識して

理想的な1日の糖質摂取量は、男性で250g、女性で200g程度です。ご飯茶碗1杯で糖質は約50gなので、男性は1日に5杯分のご飯が食べられる、と思ったら大間違いです。糖質はカボチャやにんじんなどの根菜類、イモ類などにも含まれます。また、糖質はソースやケチャップ、みりんなどにも配合され、清涼飲料水や野菜ジュースにも含まれます。しかし、計算するのはたいへんです。そこで、ご飯などの主食について、いつも食べている量から1～2割減らす「糖質ちょいオフ」を心がけましょう。肉類や魚介類、卵、乳製品といったタンパク質の豊富な食材は積極的にとってください。ナッツ類、キノコ類、葉野菜、海藻類も、痩せる体に役立ちます。糖質を極端に減らすのではなく、バランスを考えながら「糖質ちょいオフ」がよいのです。

LECTURE-17

食べる順番と積極的にとりたい食材で痩せ体質の後押しを

食べ順と食材

食べる順番を意識して痩せる食事に！

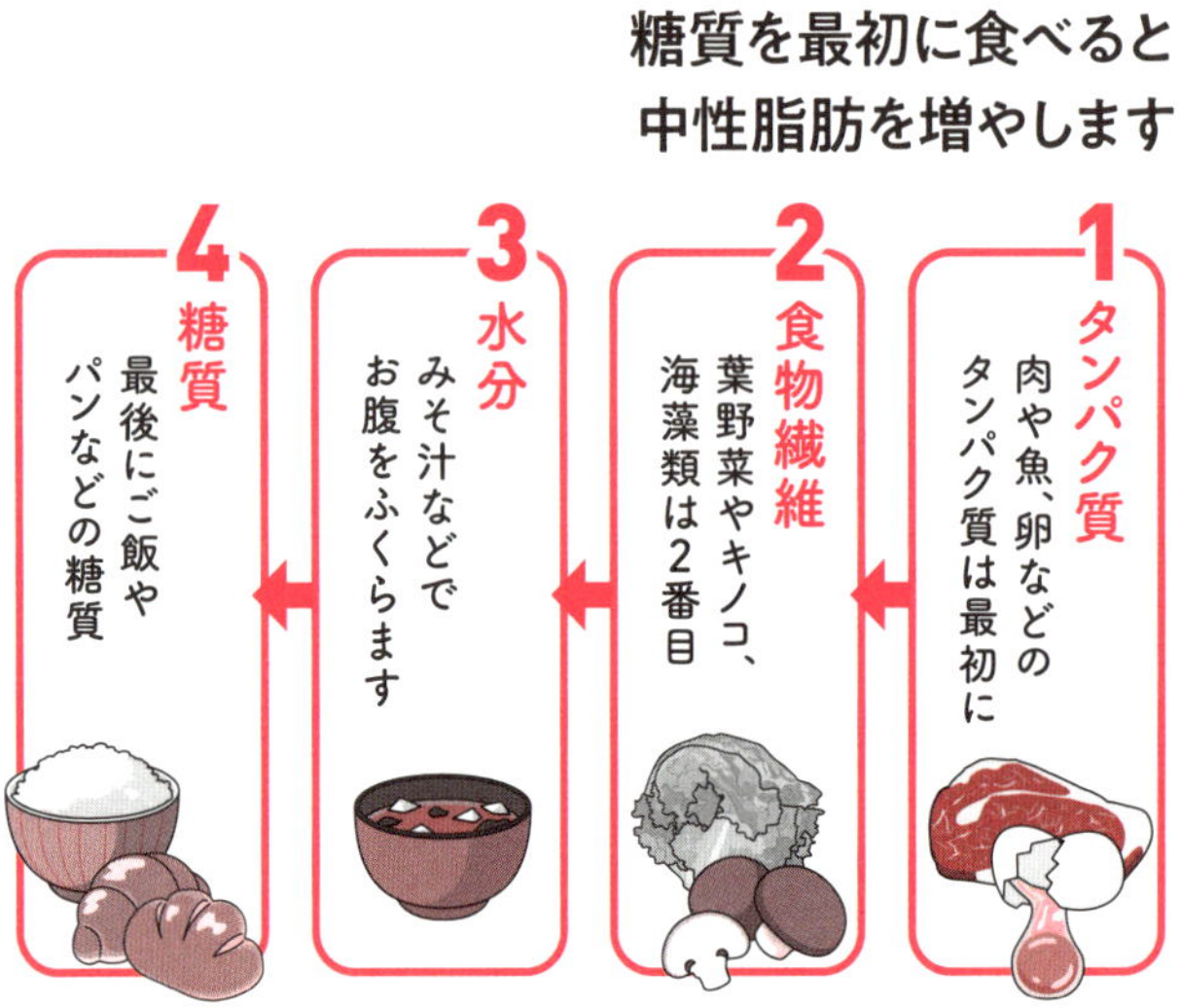

糖質を最初に食べると中性脂肪を増やします
2 食物繊維
葉野菜やキノコ、海藻類は2番目

みそ汁などでお腹をふくらます

空腹時に糖質を食べると血糖値が急上昇し太る原因に

お腹が空いた状態でご飯などの糖質を食べると血糖値が急上昇して太りやすくなります。それを防ぐには肉類、魚類、卵、大豆製品などのタンパク質を最初に食べることがお勧めです。タンパク質はエネルギー代謝に不可欠な筋肉の材料になるため欠かせない栄養素です。食物繊維たっぷりの野菜から最初に食べてもよいのですが、野菜でお腹がいっぱいになるとタンパク質の摂取量が減ります。それを避けるには、最初にタンパク質を食べて、次に野菜や海藻類などの食物繊維、スープやみそ汁などの水分でお腹をさらに満たし、最後にご飯などの糖質を少なめにとるようにしましょう。

青魚のEPA/DHAで中性脂肪を退ける！

タンパク質と良質なあぶらをとると内臓脂肪は自然に減ります
サバ缶1個でEPAとDHAの1日摂取量をほぼクリアできます

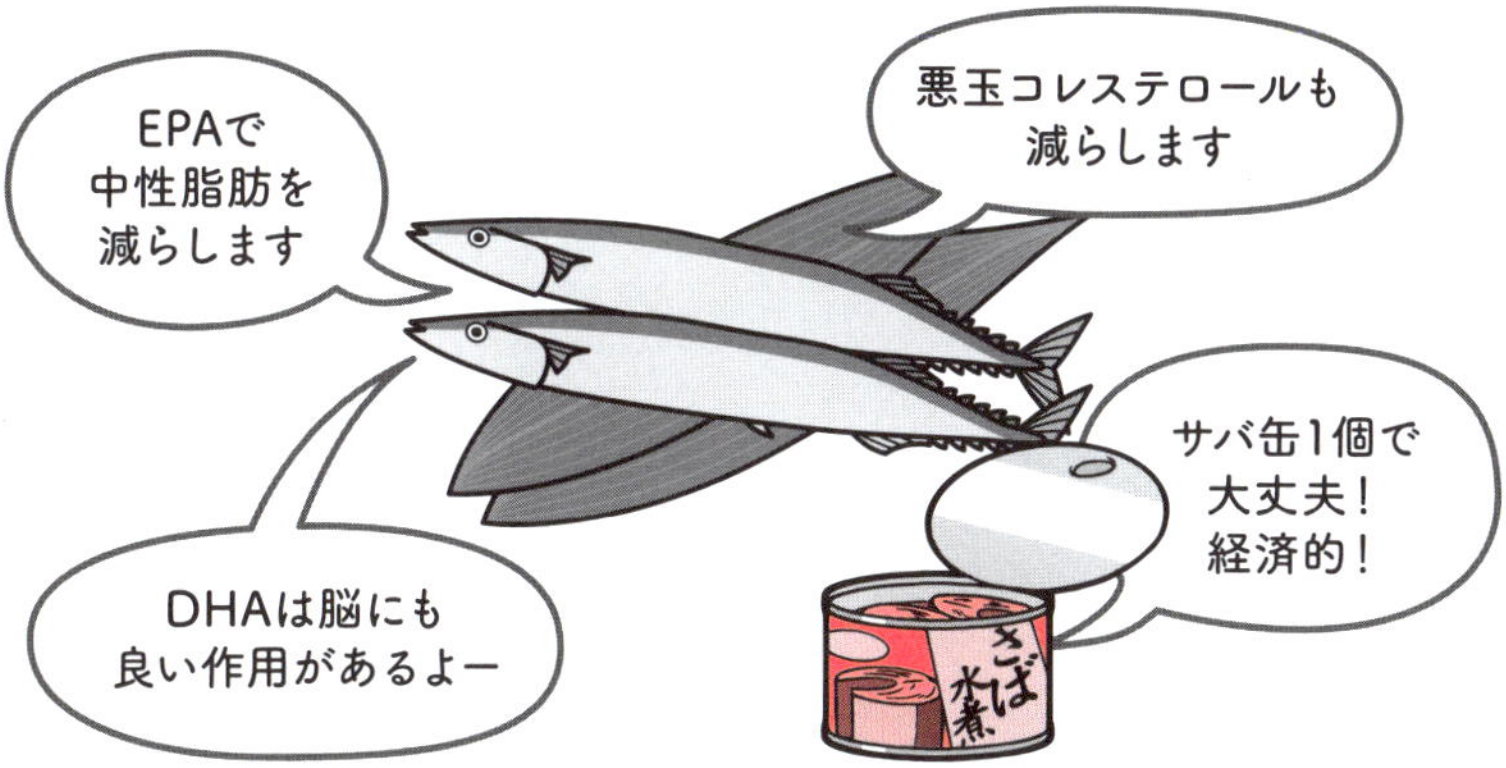

EPA（エイコサペンタエン酸）やDHA（ドコサヘキサエン酸）がたっぷり！

食事の最初に食べるタンパク質としてお勧めの一品はサバの缶詰です。サバなどの青背魚は、EPA（エイコサペンタエン酸）やDHA（ドコサヘキサエン酸）という必須脂肪酸を含みます。EPAは中性脂肪やLDL（悪玉）コレステロールを減らすと報告されています。「1日600mgのEPAを12週間とり続けると、血中の中性脂肪値が約20%低下」といった研究結果もありました。DHAも中性脂肪や悪玉コレステロールを減らす作用があります。また、学習機能が向上するなど脳にも良い働きをします。

サバ缶1個でEPAとDHAを合わせて1000mgとれるため、積極的に活用したい食品です。缶詰は調理済なので忙しいときの一品としても役立ちます。野菜やみそ汁なども添えて、夕食のメニューへ積極的に加えましょう。

LECTURE-18
食材とお酒
酢納豆もお勧めの食品です。お酒も種類を選べばOK

酢納豆でLDL（悪玉）コレステロールを防ぐ

良質なタンパク質として大豆も積極的に活用を
食後高血糖を防ぐ酢納豆で代謝もアップ

市販の納豆に大さじ１杯の酢を加えてよくかき混ぜるだけ！

肉や魚、卵といったタンパク質を食事の最初に食べるとよく、良質なタンパク質の大豆もお勧めの食材です。大豆は食物繊維も豊富なため、食後高血糖を防ぎます。大豆の苦みの成分のサポニンは、抗酸化作用があって肥満予防にも役立ちます。腸内を整えるオリゴ糖など、大豆には健康によい成分がたくさん含まれているのです。

お酢を加えて混ぜた「酢納豆」にすると、お酢の食後高血糖の抑制作用なども加わります。食事の最初に酢納豆を食べるのが、痩せる体になるためにお勧めです。卵黄をのせると良質なタンパク質をより多くとることができます。

太りにくいお酒なら適量の晩酌は毎日でもOK

お酒で太るのではなく、体重増加は飲み方に問題があります 口当たりのよいお酒をたくさん飲むと太るのでご注意を

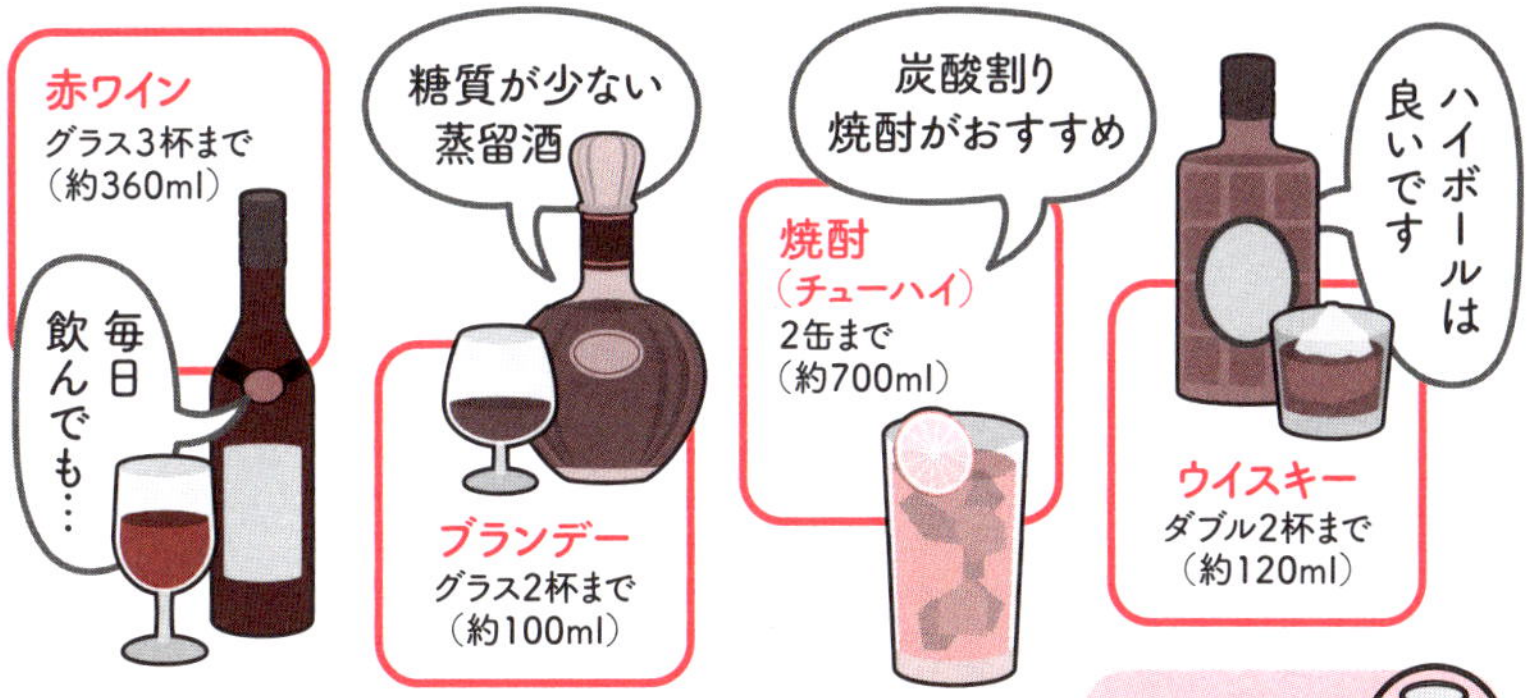

果実を使ったお酒は特に糖質が多い

蒸留酒やワインなどの糖質の少ないお酒を選ぶように

「毎晩飲んで太った」という話をよく聞きます。しかし、少量のお酒であれば肝臓でアルコール分解するために糖質が使われるため、血糖値は下がるのです。もちろん、飲み過ぎれば肝機能が低下してよくありませんが、適量のお酒は中性脂肪を減らすためによいのです。私の考えでは、1日に日本酒2合換算までは適量です。ビールならば中びん2本、ワインはグラスで3杯まで。ただし合算すると飲み過ぎなので注意しましょう。

気をつけなければいけないのは糖質の入ったお酒です。カクテルや果物の入った焼酎割り、梅酒などは、痩せる体になりたい人には毎日飲むことをお勧めできません。焼酎は太りにくいお酒なので、炭酸割りや水割り、お湯割りを選ぶとよいでしょう。量と種類に気をつければお酒は毎日飲んでもよいのです。

野菜とポリフェノール

健康に役立つ野菜も間違ったとり方をすると逆効果です

市販の野菜ジュースの果物に注意を!

ビタミン補給などで野菜ジュースを活用するのは×
体を太りやすくするので注意が必要

果糖ブドウ糖液糖は
太る成分です!

購入時にパッケージの
成分表示をチェック!

ビタミンやミネラル、食物繊維たっぷりの野菜は健康に役立ちます。自宅でサラダを用意するのが面倒だったり、外食で不足しがちなときには、野菜ジュースを活用することがあるでしょう。外出先でも気軽に栄養補給ができる優れた商品といえます。しかし、果物が入っていると脂肪肝を引き起こしやすく、にんじんなどの糖質の多い野菜が入っていると血糖値も上がりやすくなります。特に空腹時に果物や糖質の多い野菜が入ったジュースを飲むと、PART-01「朝食はスムージー」（P14）でもご紹介しましたが、体を太りやすくしてしまうのです。ご注意ください。

ポリフェノールたっぷりの食品をこまめにとる

高カカオチョコにも含まれる体を痩せやすくするポリフェノールたっぷり入った食品を活用して脂肪燃焼を促しましょう！

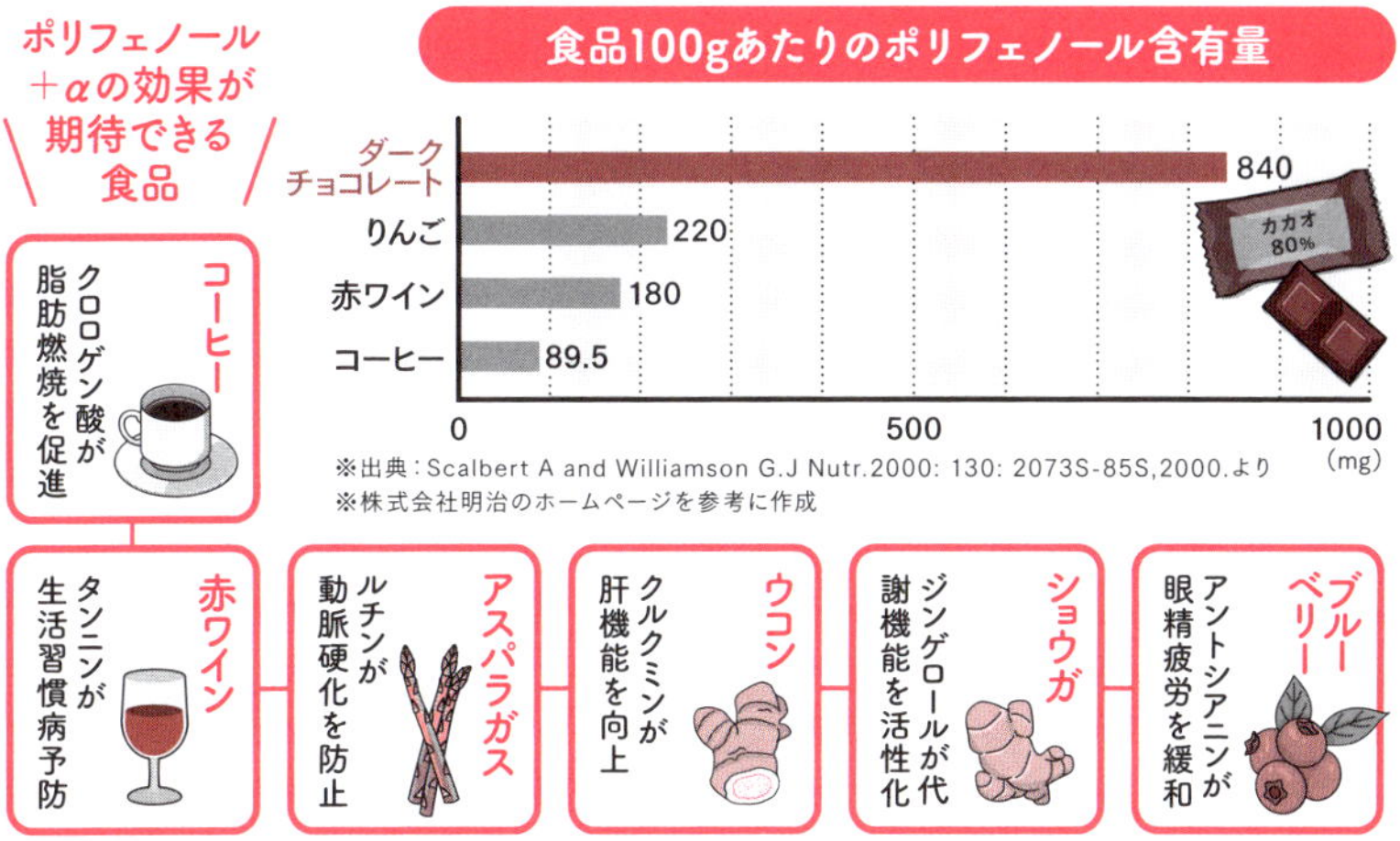

※出典：Scalbert A and Williamson G.J Nutr.2000: 130: 2073S-85S,2000.より
※株式会社明治のホームページを参考に作成

痩せる体になるには血糖値の乱高下を防ぎ、中性脂肪が増えすぎるのを抑え、脂肪が燃焼しやすくなることが大切です。そのサポートをするポリフェノールを含む食品を意識しましょう。代表格は高カカオチョコですが、コーヒーに含まれるクロロゲン酸も、食後高血糖を抑えて中性脂肪をたまりにくくすると報告されています。また、ショウガのジンゲロールは、血流をよくし脂肪燃焼を促すといわれています。ジンゲロールが加熱されて変わるショウガオールは、体を温めて基礎代謝を高める働きもあります。ショウガは、痩せる体の強力なサポーターともいえます。このほか、アスパラガスやウコン、ブルーベリー、赤ワインなどに含まれるポリフェノールも健康に寄与します。いろいろな食品を2～4時間おきにこまめにとり痩せる体を作りましょう。

LECTURE-20

下半身の筋肉を鍛える

ジッとしていても痩せる！基礎代謝を上げる下半身トレ

第2の心臓「ふくらはぎ」を鍛えて基礎代謝をアップ！

全身の血流をよくして代謝を上げるふくらはぎ
むくみもなくなり運動機能が向上し痩せる体に

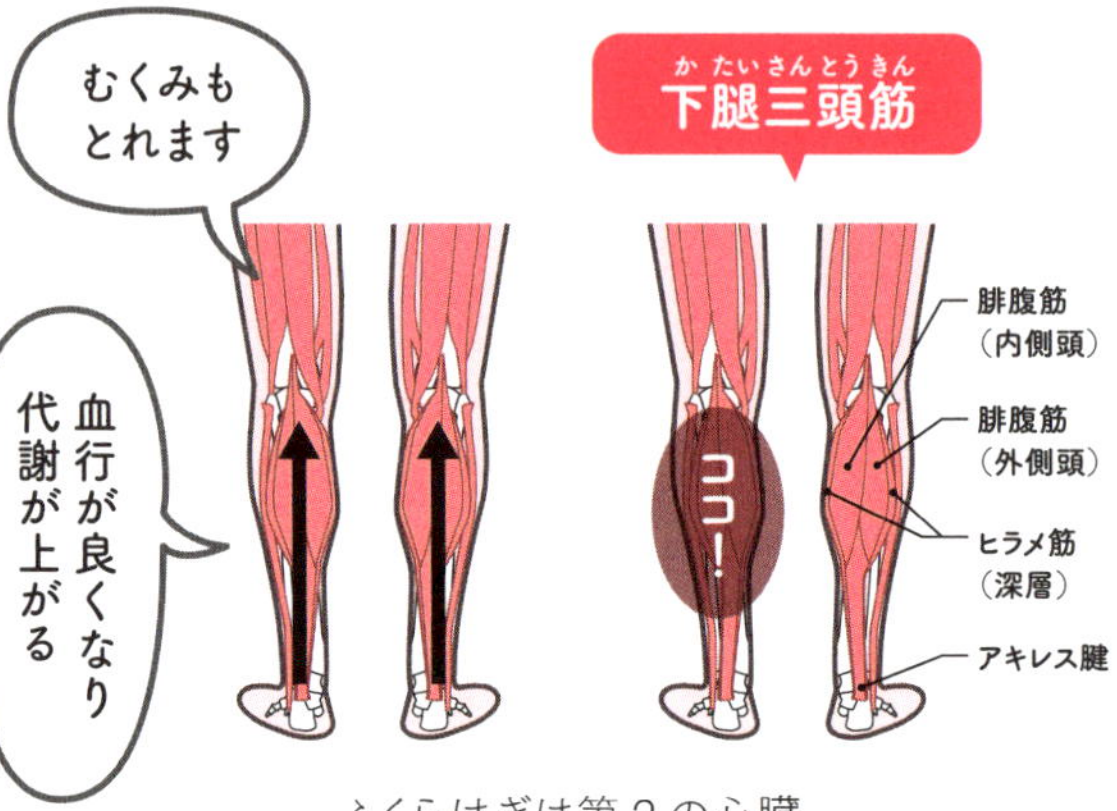

ふくらはぎは第２の心臓
重力に逆らって心臓に血液を戻します

ジッとしていても中性脂肪を燃やす基礎代謝を上げるには下半身を鍛えることが大切です。ふくらはぎには、下腿三頭《かたいさんとう》筋《きん》という筋肉があり、脚の静脈の血液を心臓に戻す大切なポンプの役割を担っています。この機能が上手く働かないと下半身に血液がたまってむくみを引き起こし、全身の血流も悪くなります。下腿三頭筋を鍛えてポンプ機能を十分に発揮できるようにすると、基礎代謝が上がって痩せる体になり、下半身もむくみにくくなるのです。歩行機能も上がって活動的になるため、さらに代謝がよくなる好循環が生まれます。スクワットで効率的に鍛えましょう。

すわるスクワットでいつでも筋トレ

第2の心臓と体で一番大きな筋肉の運動
1セット5回、朝晩行うだけでOK

1 イスの前に立って脚を肩幅に開く。背筋を伸ばし両腕は胸の前で組む。イスが動かないように、イスの背を壁に当てるなどしよう

2 お尻を突き出しながらゆっくりと膝を曲げていく。太ももがイスにつく前に動きを止めて10秒キープ

3 10秒経ったら、イスに座って脚の力を抜き10秒休む。再びゆっくり立ち上がる

イスが動かないようにくれぐれも注意し、1～3を5回くり返す

第2の心臓と呼ばれるふくらはぎと、体で一番大きな筋肉の大腿四頭筋を鍛えると基礎代謝が上がり、効率よく脂肪を燃焼できるようになります。最も簡単な運動がスクワットです。しかし、慣れていない人が行うと膝や腰を痛めることがあるので注意が必要です。誰でも簡単に取り組める方法としてお勧めしているのが「すわるスクワット」です。脚が動かないイスを用意します。通常、スクワットは、膝を曲げて腰を落として10秒キープした後、すぐに立ち上がるでしょう。「すわるスクワット」は、すぐに立ち上がらずにイスに座って休憩するのです。スクワットに慣れていない人でも取り組みやすいのが利点で、膝や腰への負担も軽減できます。「すわるスクワット」は1セット5回を朝晩行うことから始めて、慣れたら回数を増やしましょう。

LECTURE-21

痩せる体のために通勤途中も有効に使ってトレーニングを

通勤中も運動

通勤中のヒールレイズで足のむくみも解消

**第2の心臓のふくらはぎを鍛えるのは簡単！
電車内やオフィスでもヒールレイズを**

1 背筋を伸ばして立った状態で、電車のつり革や椅子の背もたれなどに手をかける

2 4秒かけてかかとを上げ、4秒かけて床から1センチくらい離れたところまで下げて止める。
かかとを床につけないのがコツ

無理のない範囲で10回繰り返す

筋肉量を増やすために定期的にジムに通うのは理想ですが、仕事や家事などが忙しいと難しいでしょう。通勤時間や昼休みなど、ちょっとした時間を活用してふくらはぎを鍛えることができます。それが「ヒールレイズ」です。最初は脚の動かないイスの背を持って行いましょう。慣れてきたら電車のつり革につかまりながらチャレンジを。駅のホームや信号待ちの横断歩道でもヒールレイズは可能です。いつでもどこでも行えるエクササイズを習慣化すると、ふくらはぎの筋肉が自然に養われます。基礎代謝が上がり脂肪が燃焼しやすくなることに加え、むくみ予防にも役立ちます。

LECTURE-21

歩幅を意識して20分以上歩く

20分以上歩くと脂肪燃焼がスタート！ 20分以上の歩行が大切
通勤や買い物などで歩くときに速歩を意識しましょう

通勤時間などを有効活用してしっかり歩きましょう

運動は基礎代謝を上げて病気予防に役立ちます。しかし、運動習慣を持っている人は3割程度しかいません（厚労省2019年「国民健康・栄養調査」）。取り組みたくても運動時間を作れない人が多いのです。そこでお勧めしたいのが、通勤や買い物などで歩くときに、いつもより歩幅を少し広くして、歩く速度を少し上げてみること。荷物を持っていたり、慣れていないと転倒リスクがありますから、無理のない範囲で歩く運動を意識しましょう。歩き始めて20分以上経つと脂肪の燃焼が始まります。20分間の歩行距離は約1・4km です。「1km歩くのは無理」という人は、1日10分の歩行から始めて少しずつ歩行距離を伸ばすようにしてみましょう。「すわるスクワット」や「ヒールレイズ」も行うと下半身が鍛えられて歩きやすくなります。

ぐっすり眠ると食欲抑制ホルモン・レプチンが増えます
質の良い睡眠も大切

寝る1時間前にゆっくり入浴

**深部体温が上がって質の良い睡眠をサポート！
体内の一酸化窒素を増やし代謝もアップ**

重炭酸入浴剤を
入れると
血流が改善し
代謝UP！

38～40度のぬるめのお湯に
リラックスして15分程度つかる

質の良い睡眠は食欲を抑制して痩せる体をサポートします。その睡眠のために役立つのが寝る1時間前の入浴です。38～40度のぬるめのお湯に15分程度つかると深部体温が上がり、1時間後の寝るときに下がることで寝つきが良くなるのです。また、ぬるめのお湯に入ると血流がゆっくり改善され、体温の上昇で免疫細胞も元気になります。ドラッグストアなどで販売されている薬用の「中性重炭酸入浴剤」をお湯に入れると、高濃度の重炭酸イオンが発生することで、血管を拡張する一酸化窒素（NO）が増えます。NOは血流を改善し代謝を上げる作用があるのです。

体調のメンテナンスは質の良い睡眠で

**5時間睡眠の人は肥満になる確率50%、4時間以下で73%
質のよい睡眠を7時間程度とるようにしましょう！**

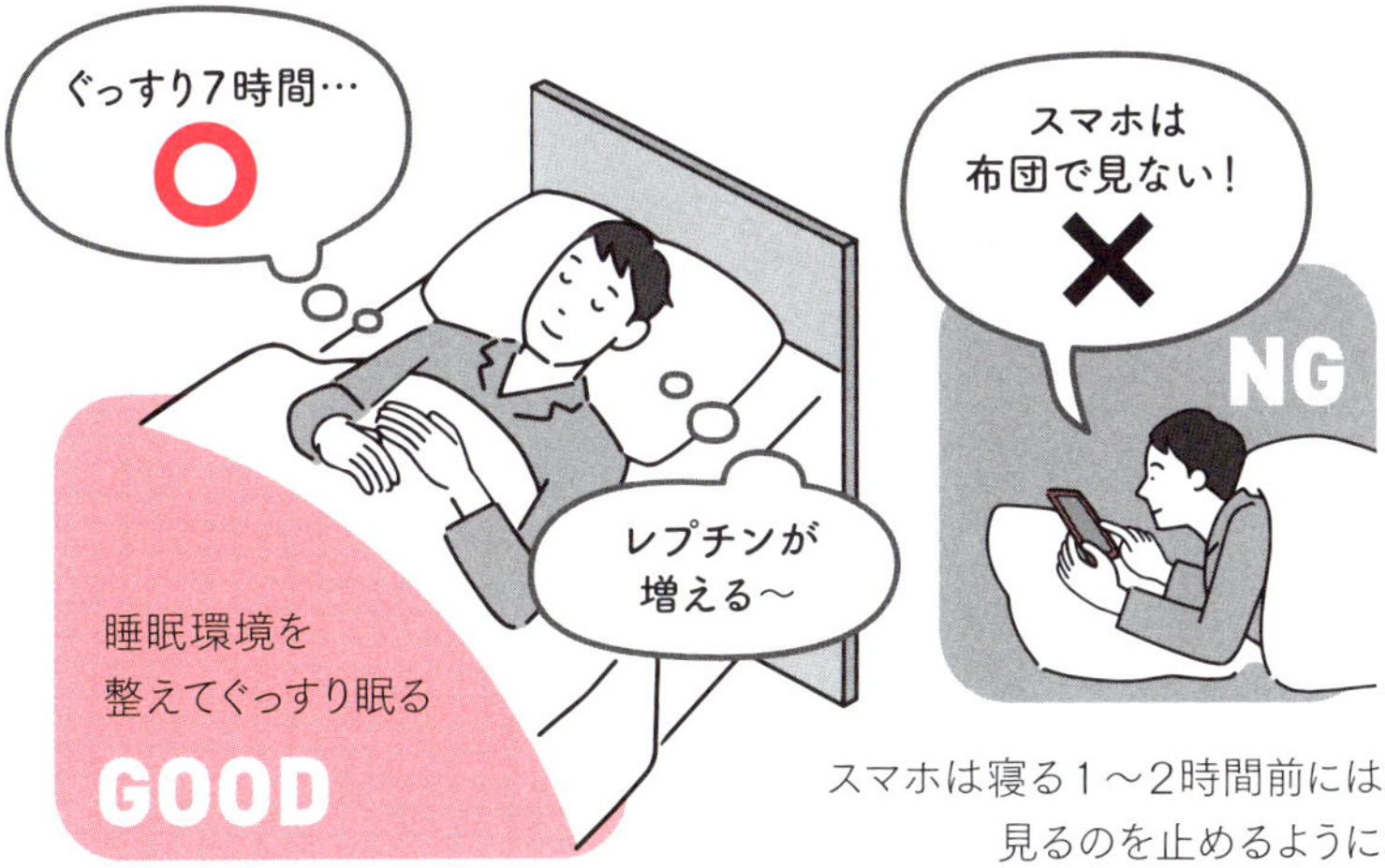

スマホは寝る1～2時間前には見るのを止めるように

睡眠時間が短いと食欲抑制ホルモンのレプチンが減り、食欲増進ホルモンのグレリンが増えることをPART-01（P30）でご紹介しました。ぐっすり眠ることが痩せる体には欠かせません。仕事などのストレスがたまってイライラしていると寝つきが悪くなります。睡眠1時間前の入浴でリラックスしたり、寝具や照明を寝つきやすいものに変えるなど工夫が大切です。液晶画面の強い光は眠気を遠ざけるため、寝る1～2時間前にはスマートフォンを見るのは止めましょう。逆に朝起きたときに強い光を見ると体内時計が正常に導かれ、夜の寝つきがよくなります。スマホの情報は朝見るようにしましょう。体内時計を正常に維持することは睡眠と日中の活動量を上げるために大切です。休日の長時間の寝だめは体内時計を乱すので止めましょう。

まとめ

痩せる生活習慣をプラスしましょう！

◎急須で入れた緑茶をこまめに飲む

◎高カカオチョコを1日5回食べる

◎ご飯などの主食を1～2割減らす

◎食事の順番は、①肉や魚などタンパク質、②野菜、③水分、④ご飯などの糖質

◎サバ缶や酢納豆を活用する

◎量と種類によっては毎日の晩酌も〇K

◎すわるスクワットとヒールレイズ

◎1日20分以上歩く

◎寝る1時間前にゆっくり入浴

◎睡眠は7時間を確保

オーラルケアにプラスする生活習慣はどれも簡単なことばかりでしょう。ちょっとした見直しで痩せる体を手に入れられます。食生活を見直してみましょう。
また、トレーニングや運動、睡眠の大切さもあらためて感じていただけたと思います。日々取り組んでいくことで習慣化できるよう意識していきましょう。

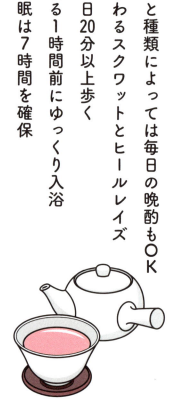

COLUMN-03

丈徳
食生活の見直しといわれてもできない人は少なくありません
毅
ハミガキの方法と一緒でちょっと見直せば習慣化できると思います
丈徳
ちょっとの見直し法をこの本で紹介しました！
毅
読んでくださった方にスリムな健康美を手に入れていただきたいですね
丈徳
口も体も健康になれば、人間の限界寿命120歳まで元気で過ごせると思います
毅
日本の平均寿命と健康寿命が一気に延びそうです
丈徳
いいことだらけですね みなさん今日から始めてみましょう！

EPILOGUE

おわりに

太っていると生活習慣病やがん、心筋梗塞や脳卒中など、命に関わる病気のリスクが高くなります。一方、歯周病も肥満や他の生活習慣病、認知症などの病気との関係が深いことは、いろいろな研究ですでに明らかにされています。

これまで体重が増えると「食事を見直し運動習慣を持ちましょう」といわれてきました。でも、それだけでは足りません。口のケアも重要なことがわかったのです。悪い状態の口のままでは、食事を見直し運動習慣を持っても、体重のコントロールや病気予防が難しくなります。それほど、口の状態は重要なのです。

口の中にはたくさんの細菌がいて、歯周病や虫歯、さらには全身の病気の引き金になります。しかし、口の状態が悪くても、食事ができてお話ができれば、あまり気にしないという方もいます。また、健康状態は定期健康診断で把握できますが、今のところ、口の状態はご自身で歯科医院を受診しなければなりません。

おわりに

本書でもご紹介しましたが、毎日のセルフケアと同時に行う歯科医院でのプロケアは、口の健康のために大切です。セルフケアだけでは口の健康は守れません。ただし、日本ではプロケアを実行に移している人が多いとはいえない状況が続いています。

本書を手に取ってくださった方には、ぜひ正しいオーラルケアを実践し、痩せる体を手に入れ、健康に役立てていただきたいと思っています。

日本政府は２０２２年の「骨太の方針」で、「国民皆歯科検診」の開始を目標として掲げました。毎年受けている健康診断の中に歯科検診が加わる見込みです。オーラルケアを実践している人の当たり前のことが、国民全てに当たり前になる日が近づいているといっても過言ではないでしょう。

口の中の正しいケアを実践していただくことで、肥満解消＆病気予防＆歯科検診対策も自然に行えます。ひとりでも多くの方に、楽しく「おくち美化」習慣を続けていただくことができればこの上ない喜びです。

栗原ヘルスケア研究所所長・歯科医師　栗原丈徳

PROFILE

栗原クリニック東京・日本橋院長

栗原《くりはら》 毅《たけし》

1951年、新潟県生まれ。北里大学医学部卒業。医学博士、日本肝臓学会専門医、日本血管血流学会理事。前東京女子医科大学教授、前慶應義塾大学特任教授。現在は栗原クリニック東京・日本橋院長を務める。治療だけでなく予防にも力を入れており「血液サラサラ」の提唱者のひとり。『1週間で勝手に痩せていく体になるすごい方法』（日本文芸社）や『中性脂肪減×高血圧改善×動脈硬化予防 1日1杯血液のおそうじスープ』（アスコム）など著書・監修書多数。

栗原ヘルスケア研究所所長・歯科医師

栗原《くりはら》 丈徳《たけのり》

1982年、東京都生まれ。鶴見大学歯学部卒業。慶應義塾大学大学院政策・メディア研究科中退。栗原ヘルスケア研究所所長・歯科医師。「予防歯科」「食と健康」をテーマに活動中。特に「口の健康と全身疾患との関連性」について大学や介護施設などで積極的に講演も行っている。日本抗加齢医学会、日本咀嚼学会、日本摂食嚥下リハビリテーション学会などの会員。著書に『内臓脂肪がみるみる落ちる すごい歯磨き習慣』（共著、飛鳥新社）などがある。

体《からだ》が勝《かつ》手《て》に痩《や》せはじめる「おくち美《び》化《か》」習《しゅう》慣《かん》

2024年11月28日　初版発行

著者／栗原《くりはら》 毅《たけし》・栗原《くりはら》 丈徳《たけのり》

発行者／山下 直久

発行／株式会社KADOKAWA

〒102-8177　東京都千代田区富士見2-13-3

電話 0570-002-301（ナビダイヤル）

構成・執筆／安達純子

装幀・組版・図版作成／長谷川 仁（コマンド・ジー・デザイン）

印刷・製本／ TOPPANクロレ株式会社

●お問い合わせ

https://www.kadokawa.co.jp/（「お問い合わせ」へお進みください）

※内容によっては、お答えできない場合があります。

※サポートは日本国内のみとさせていただきます。

※Japanese text only

定価はカバーに表示してあります。

ISBN 978-4-04-115304-8　C0077